WORKMAN

WHITE FRANCHISE

ホワイトフランチャイズ

ワークマンのノルマ・残業なしでも
年収1000万円以上稼がせる仕組み

株式会社ワークマン 専務取締役
土屋哲雄
Tetsuo Tsuchiya

KADOKAWA

ホワイトフランチャイズ

土屋哲雄

まえがき

がんばらせすぎない、がんばりすぎない——。

これからの時代においては、企業の論理としても、個人のスタンスとしても、自分、あるいは相手に負荷をかけすぎない意識と姿勢が大切になってくる。

ワークマンでは売上げを伸ばすことを優先せず、フランチャイズ加盟店に無理をさせないためにはどうすればいいかということを常に考えている。

がんばりたい！ という人がいても、あまりがんばらないでほしいので、そのためのシステムづくりを進めている。

努力をしないでほしいと願っているわけではもちろんない。利益至上主義に陥らず、自分らしい価値を求めながら、長く続けていける働き方を探してほしいということだ。

売上げを優先しないというのは決して建前ではない。短期的な経営状況が良ければいいと考えるのではなく、いい状態を継続していくことを目指しているのである。そのためには、どこかで息切れしてしまうような働き方に依存しているわけにはいかないし、突出した人材に頼っていても先は保証されない。

凡人による、がんばりすぎない経営であってこそ、継続が可能になる。

私たちはそのために「ホワイトフランチャイズ」というべきビジネスのあり方をつくりあげようとしている。

それは何もワークマンでしかできないことではないはずだ。がんばりすぎない働き方は、これから誰もが考えていくべきスタイルではないかという気がする。

お金以外の部分に人生の価値を求めて、何ものにも縛られず、途中で棄権することなくゴールができるペースで働いていく。

個人の幸せを目指す働き方＝生き方であり、経営のあり方だ。


ワークマンでは、加盟店の店長の裁量に任せている部分が多く、何かを無理強いすることはまったくない。本部と店舗がそれぞれの役割を果たすためのベストなあり方を探り続けている。「これだけの数は売ってください」、「無理だと言わず、とにかくがんばってください」などといった言葉で強制力を働かせることもない。要するにコンビニの恵方巻やクリスマスケーキのようなものは存在しないということだ。

加盟店に対しては、売上げが伸びればそれに応じてそのまま収入が増える契約にしている。そうであれば加盟店の店長たちは、自分が望む収入に応じて何をすべきかと考えてくれる。決して無理をすることなくそれぞれの経営を続けてくれたならいいのである。

加盟店だけではなく社員にもノルマを課していない。ノルマは人にプレッシャーを与えてしまうからだ。それよりも〝やる気になる環境や条件〟を整えるようにしている。社員に対しては、何をやったかを問わず、先に「賃上げ」を公言してしまう方法をとった。そうなれば人は、賃金に見合った働きをしようと良心で行動するようになるからだ。社員それぞれが自分なりのやり方でパフォーマンスを向上するためには何をすべきかと考えてくれればいい。性善説にもとづき、社員の自主性に期待しているということである。

加盟店が疲弊している気配が見えてきたなら「一回休み」にしてもいい。店休日を増やしたり、大晦日《おおみそか》の営業時間を短縮するなどといったことはすでに進めている。状況によっては、完全に前進を止めてしまうのもいいかもしれない。

前進を急いで加盟店を疲弊させては何もならないからだ。

こちらが休みを取ってほしいと考えていてもなかなか休みを取りたがらない鉄人のような店長も実際は多い。しかし、鉄人であるよりも凡人であり、家庭人であってほしい。それが私たちの偽らざる想いだ。

フランチャイズ加盟店に厳しいノルマを課して、できるだけ多くの収入をあげさせて、搾取するようなチェーン店も世の中にはあるようだ。「収奪型フランチャイズ」などと呼ばれるが、そういうあり方は私たちの考え方とは対極にある。

力にものを言わせて、加盟店の店長たちをなんとか言い聞かせて従わせていても、一代限りになる。店長たちが苦しみ抜いた末に人生を終えようとするとき、家族に対して「絶対に店は継ぐな」と遺言してもおかしくない。その店長の人生には何も残らず、加盟店の継続もない。そうではなく、店長たちが「いい仕事をやってこられた」、「いい人生を過ごせた」と納得して次にバトンタッチしていけるようにしていきたい。それが〝がんばらせすぎない、がんばりすぎない〟働き方であり、経営のあり方だ。

ワークマンは風変わりな会社だ。

業界で第1位になりたい、利益を2倍にしたい、などといったことは経営目標にはしていない。目指しているのは「１００年の競争優位」を築いていくことだ。

我々のような会社でこれをかなえるためには加盟店との関係がホワイトであることが大前提になる。収奪型と呼ばれるようなブラックな運営になっていたなら、加盟店の継承者が現れるはずはないからだ。店長の子どもや店のスタッフが「あとを継ぎたい」と考える環境であってこそ100年先につながる。

ワークマンの創業者である私の叔父《おじ》、土屋《つちや》嘉雄《よしお》（ワークマン元会長、ベイシアグループ代表）は「加盟店はお客様」という言い方を常としていた。

業績としては加盟店に負担をかけない程度の成長を望んでおり、売上げが急増してきたときには「あまり無理をするな」と私に電話をかけてきたこともある。新型コロナウイルスの感染拡大以前には、年2回、商品展示会と加盟店表彰式を行っていたが、当時は参加する加盟店向けのお土産選びや表彰式のあとの会食のメニューなどに気をつかっていた。感謝の気持ちを表すことに心を砕いていたのである。

創業者のこうした考え方がワークマンには脈々と受け継がれているのを感じる。

私は土屋嘉雄に招かれて2012年にワークマンに入社した。もともと三井物産でキャリアをスタートさせており、本社でいくつかの新規事業を立ち上げたあと、情報システム子会社でコンサルティング部門をゼロから始めて100人の中堅規模まで育ててあげていた。叔父の誘いを受けたのは還暦間際のことだった。

ワークマンに入社して驚いたひとつには〝この会社は加盟店に忖度《そんたく》しすぎているのではないか!?〟ということがあった。契約書や取り決められているルールを見ても、加盟店に対して求めるところがあまりにも少なかったからだ。

加盟店ファーストを基本にするのはいいにしても、その姿勢が極端すぎれば、お客様に対するサービスがおろそかになってしまいかねないと懸念された。

全国926店舗（2021年10月時点）を抱えるチェーンになっている以上、926人の店長とその家族は共同体となる。同じブランドを持つチェーンストアの統一性のために守ってもらうべきところは守ってもらわなければならない。ごく一部の店舗ではあったものの、サービスレベルが標準から外れていて、他店にマイナスの影響を及ぼしかねないものになっていたので、そういうことはないようにすべきだと考えた。

しかし、本部と加盟店との関係性については、大きな改革は行わなかった。

フランチャイズチェーンにおいて、お客様に接するインターフェイスは加盟店となる。本部としては、加盟店が良きインターフェイスであるための環境と適度なルールだけをつくっておけばいいと考えられたからだ。

多少、ゆるすぎるところがあったとはいえ、そういう方向でやっていたのがワークマンという会社だ。そこに土屋嘉雄の考え方が息づいていた。

加盟店にやさしすぎることに対しては、たしかに最初は違和感がもたれた。だがそれがワークマンの良さであり競争力になっている。

店長のスタンスはそれぞれだ。売上げ（＝収入）を増やすためにがっつり働いている人もいれば、マイペースでやっている人もいる。価値観や生活環境によって働き方を変えられる自由度の高さがワークマンの特色といえる。

そうした良さをわざわざ崩してしまう必要はないと考えたのである。


売上げを重視していないということは実際の経営戦略にもあらわれている。

たとえば現在、全国のすべての店舗（従来の「ワークマン」店舗）を「ワークマンプラス」にすれば、売上げは確実に伸ばせる。いっきに業態転換をするのは無理だとしても、どの店舗からリニューアルしていくかについては、投資効率の観点から順番を決めていくのが普通のやり方だ。しかし、ワークマンはそれをしない。

既存店をワークマンプラスに変えていく順序は、投資効率から考えるのではなく、売上げ面で苦戦している店舗を優先的に選んでいるのだ。また、「いまの売上げには満足しているので、これ以上忙しくはなりたくない」という店長がいれば、無理にワークマンプラスに変えることも勧めない。店長の意思を尊重するスタンスを貫いている。

オンラインストアに対する考え方でもやはり店舗を第一に考えている。

現在、運営しているオンラインストアでは「店舗受け取り」か「自宅や勤務先などでの受け取り（宅配）」かを選択できるようにしている。同様のやり方をしている多くの会社はネット販売での宅配売上げを増やしていくことを目指しているはずだ。だが、我々の考え方は逆である。今後、都心にも出店するなどして店舗数がさらに増えれば、宅配は廃止して、店舗受け取りのみにするのもいいのではないかと検討している。

店舗受け取りであれば、売上げは加盟店のものになり、店舗に足を運ばれたお客様が他の商品を購入したりリピーターになってくれることもあり得る。一方、ネット販売での宅配は直販になるので、加盟店にとってのメリットがない。加盟店が脅威を感じるようなことはできるだけやりたくないのである。

加盟店の損得を考えてネット販売の宅配から撤退することを考える会社など、この時代において他にないのではないか。

ワークマンは、いざとなればそれをやってしまえる会社である。

たとえ売上げが落ちることになっても、加盟店に嫌な思いをさせず、疲弊させないようにしたいと考えている。

利益の最大化ばかりを考えていてはホワイトフランチャイズにはなれない。

ワークマンで社員の待遇と加盟店店長の待遇を比較したなら、店長たちのほうがはるかに高収入になっている。近年、社員の年収をベースアップしたのは、店長たちとの収入差を少しは埋めておきたかったからでもある。利益があればまず加盟店が取るべきであり、会社はその次でいいという考え方である。

加盟店にはそれぞれの生活があり、我々には100年続けていきたいという目標がある。そうであるなら加盟店を大切にして、次につなげていくことを考えるべきだ。

昭和の時代では売上げやノルマといった部分にばかり目を向けられていたが、もはやそういう時代ではなくなっている。

令和の時代においては価値観こそが大切になるのではないか。

個々の価値観を尊重してこそのホワイトフランチャイズである。

あまり「儲《もう》けなくていい」と言いすぎると、株主の皆様には怒られるかもしれない。しかし我々は株主をないがしろにしているわけでは決してない。100年の競争優位を築いていくため、加盟店、お客様、株主、取引先……、すべてのステークホルダーと長く付き合っていけるような体制をとっている。

ワークマンでは、ベンダー（製造元）の側に納品数を決めてもらい、それをすべて買い取る「善意型サプライチェーン」という仕組みをつくりあげている。そのため、長くベンダーを変えずにいるので、ベンダーの側でも常にワークマンのことを考えてくれるようになっている。やみくもな納品をすることはあり得ず、適正な納品数が算出されている。株主にしても「毎年、配当が増えている」と喜び、ずっと株を持ち続けてくれる人が多くなっている。

そうした考え方がホワイトフランチャイズの背景にあるのだ。相手のことを考えた経営をしていかなければ100年の競争優位は築けない。

ワークマンの商品を真似しようとする他企業が現れたとしても、脅威とは思わない。ただし、ワークマンがホワイトフランチャイズである所以《ゆえん》……、今回、この本で明かしていくような部分については、正直にいえば、真似してほしくない。その部分にこそワークマンの強みがあると考えているからだ。

最近、優れた経営学者やコンサルタントと話をする機会があるが、ワークマンは「商品よりも売る仕組みのほうに価値がある」とよく指摘される。

私自身、以前は商品が大事だと思っていたが、いまは違う。見えているものより見えないもの、インタンジブル（無形資産）がいかに重要であるかを理解している。

商品はコピーできても、インタンジブルは簡単にコピーできない。

商品をコピーしてその期の業績をあげられる会社はあるかもしれない。だが、次の期も勢いを維持できるかといえば、まず不可能だ。持続していくためにはインタンジブルを形成していく必要があるのにそれができないからである。そのような会社は遠からず消えていくしかなくなる。

もうひとつ重要な視点がある。何かを求めるなら何かをあきらめるしかないことだ。

それがトレードオフの論理である。

その意味でいえば、経営では〝何を捨てられるか〟が問われる。それが経営の本質である以上、まず、がんばることをやめてもいい。

がんばりすぎるのをやめれば、うまくいくことも多いのではないか。

ホワイトフランチャイズとは、がんばりすぎないこと。

がんばらせすぎないことである。

ホワイトフランチャイズ◎目次

第2章 ホワイトへの道

第3章 時間とお金の実際

第4章　災害の復興者たち

第5章 次世代が育つ働き方

装幀・図版／長谷川仁（コマンド・ジー・デザイン）
編集協力／内池久貴

第1章

継がせたい働き方

4人の子どもたちみんながワークマンを〝継いだ〟理由

ワークマンが目指しているのは四半期決算の数字をあげることや5年、10年といったレベルの成長ではない。100年の競争優位だということはここであらためて確認しておきたい。それはすなわち継続である。

各店舗の売上げを向上させるのはそれほど難しいことではない。だが、それだけでは継続につながらない。フランチャイズのオーナーが「疲れた」となれば長続きはしないからだ。苦しそうに働く親の顔を見ていれば、子どもがあとを継ごうという気になるはずがない。100年の継続のためには、子どもや孫など家族でつないでいく、あるいはその店で働いていたスタッフへとつないでいく必要がある。

ワークマンでは店長が子どもにあとを継がせたいと考えた場合にもそのままバトンタッチはできず、加盟者が変わるときにはそのたび審査が必要となる。それにもかかわらず、子どもに引き継がれるケースは非常に多い。

ここではまず、そのなかにあってもスペシャルといえる例を見てもらいたい。

チェーン店だけど「家業」を継ぐのに近い感覚

―自分の店か、グループの一員か―

長野県には「ワークマン一家」と呼びたいファミリーが存在している。もともと両親がワークマンを始めていたが、現在は長男と三姉妹の4人がフランチャイズ加盟店の店長になっているのだ（正確にいえば、三女の店はご主人が店長になっている）。三姉妹にもあとで登場してもらうが、まずは長男の坪根《つぼね》光伸《みつのぶ》さん（49歳）に経緯を振り返ってもらった。

「もともと父親はサラリーマンだったのに、突然、店（ワークマン）をやるから、と言いだしたんです。それが僕が中学3年か高校1年の頃でした。本当だったのかはわかりませんが、『これまでこっちで貯金しておいたお前たちのお年玉は資金として回収させてもらうから』と言われたのを覚えています（笑）。高校時代の僕はあまり店を見ておらず、大学からは家を離れてそのまま就職したので、店の記憶はそんなにないんですけどね」

団体職員として働き、自分の家庭を築きながらも坪根さんは、いつかワークマンを継ぐ、という意識をもつようになっていた。

現在のワークマンでは一組の夫婦は1店舗にしか加盟できないが、坪根さんの両親は3店舗を経営していた。当時は十分な人員確保体制を整えることを条件に複数店舗の加盟が認められていたからだ。坪根さんはそれらの店を継ぐようにと言われていたそうだ。

「それである程度、早めに区切りをつけようと思って39歳で仕事を辞めて、戻ってきたんです。そのときにはもう、妹たちは店を手伝うようになっていたので、ワークマンをやるようになったのは僕が最後になったんですけどね。はじめのうち僕は、手が足りない店を回りながらやっていました。そのうち父が入院したことから豊野《とよの》町の店(現在のワークマンプラス長野アップルライン店)をひとりでやるようになったんです。当時は客数も少なかったので、ゆっくり勉強できてよかったのかな、という気はしています」

坪根さんのなかでは家業を継ぐのに近い意識があったようだ。ただし、ワークマンの店舗は世襲制ではない。オーナーが変わる際にはあらためて審査が行われることになる。

「そういう決まりがあることについては、そういうもんだろうな、と思っていました。仮に僕の息子がやりたいと言ったとしても、やっぱりきちんと審査してもらわないといけないでしょうからね。うちの父親なんかの世代だと〝自分のお店〟という意識があったのかもしれませんが、僕には〝グループの一員〟だと思っているところがあるんです。本部から店を預かってる、というんですかね。預かってるものだから好き放題はやれないし、やらない。結果も出していかなければいけないという思いは親よりは強いんじゃないかという気がします。自分が経営者だという意識はあるんですけど、ワークマンの一員として、きちんとするところはしなければいけないという理解です」

過疎地域でも繁盛店になれる

最初は兄妹《きょうだい》の誰も加盟はしないで、それぞれに店を手伝うかたちになっていた。

それでは、誰がどの店のオーナーになるかはどのように決めたのか？

「僕は豊野町の店をやることが多くなっていたわけですが、うちの地元は飯山《いいやま》なので、長男として飯山（ワークマン飯山バイパス店）を継ぐことが決まっているような感じがあったんです。加盟した順番は契約期間の関係であとになりましたが、それで僕は飯山バイパス店の店長になりました。次女はずっと中野《なかの》（ワークマン信州中野店）に入っていたのでそのまま中野ですね。長女はもともと飯山の店をやってたんですが、旦《だん》那《な》さんの仕事の関係で群馬に行ってたんです。それにもかかわらず、『やっぱりワークマンをやりたい』と言って長野に戻ってきたんですよ。そのあたりのことは本人が話すんでしょうけど、飯山は僕がやるようになっていたので、誰が継ぐかが決まっていない豊野町の店に入ったという流れでした」

店舗によって売上げは違うのだから、そのあたりについては問題にならなかったのだろうか？

「3つの店舗のなかでは豊野町の店の売上げがいちばん少なかったんで、兄妹のなかで所得格差が出てくることは危惧《きぐ》してました。その店は長女が継いだわけですけど、その後に台風で店が水没してしまうんですよ……。そのときも、大丈夫かな、と心配したんですが、ワークマンプラスに生まれ変わったことで売上げが倍増したんです。それでとにかく安心できました。でも実は、僕がやっている店のある飯山市は過疎地域に指定されていて、いちばん売上げは少ないんです（苦笑）。それでも最近は一般のお客さんの来店が増えていて、売上げも2倍くらいになったんですね。〝お兄ちゃんも飯山の人たちから頼りにされてるね〟というふうに見てもらえたならいいんじゃないかなと思って、やっています」

「三代継承」は実現するか？

兄妹４人とも店をやることでワークマン一家になったわけだが、その点についてはどう感じているのだろうか？

「そうなると家ではあまり会いたくない感じになっちゃいますよね（笑）。お正月に実家で集まって、また仕事の話か……みたいになるのを想像すると、ちょっとどうなんだろうって気はしています」

兄妹４人で継いだのが自分たちの家の店ではなく、フランチャイズのワークマンであったことについてはどう思っているのか？

「それでもやっぱり〝家業を継いだ〟のに近い感覚はありますね。うちの子どもは、いちばん上が21歳の女の子で、下が18歳の男の子で、まだ学生なんです。そのどちらかに、いつか継いでほしいって気持ちが出てくるかもしれない。いま息子はやりたくないように言ってますけど、いったん外へ出るなりして社会を勉強してから戻ってくるのもいい気はしています。僕はいま3年目で、やっとこの仕事のやりがいやおもしろみがわかってきて、スタートラインに立てたかな、という感じなんです。いつか子どもたちに〝こんなにも魅力的な仕事があるんだ〟って気づかせてあげて、それまでに学んだノウハウを伝えていけたなら、それもいいですよね」

他の仕事もしたけれど――三姉妹が最終的に選んだ道

――意を決して里帰り。しかし……――

三姉妹それぞれの選んだ道も見ていきたい。

長男の光伸さんの場合は家業を継ぐ意識でワークマンを始め、その後に仕事のおもしろさに気づいたという流れだった。三姉妹の場合はそれより早くから〝ワークマン愛〟のようなものを育《はぐく》んでいたと見ていいかもしれない。両親がワークマンを始めてまもなく家を離れた光伸さんとは違い、ワークマンとともに育った意識が強かったからだ。

三姉妹のなかでもとくに〝いろいろあった〟のがワークマンプラス長野アップルライン店の店長になった長女の佐々本由佳《ささもとゆか》さん（47歳）だ。

佐々本さんは高校時代から学校帰りに店を手伝うようになっていた。いちどは他の会社に就職したが、退職して本格的に店に入りはじめた。その状態を15年ほど続けたあと、ご主人の転勤についていくかたちで群馬県へ行くことになったのだ。

それなのに……。

「群馬でもいろいろパートはしたんですけど、そのうちやっぱりワークマンがやりたいって気持ちが強くなってきたんです。理由は言葉にしにくいですね。ワークマンをやっていた頃はとにかく充実していて楽しかった。そういう思い出しかなかったんです。それで主人に『長野に帰ってワークマンをやりたい』って相談したら、自分も仕事を変えてついていくと言ってくれたんです」

ご主人の仕事や群馬での生活がありながら、ワークマンがやりたいという理由で地元に戻ってきたというのだから普通は考えにくいケースだ。ご主人が良き理解者だったからこそ可能になったといえるはずだ。

群馬に行く前の佐々本さんは飯山バイパス店を手伝っていたが、この店は兄の光伸さんがやるようになっていたので、後継者がまだ決まっていなかった長野アップルライン店に入ることになった。

「このときに私は、当時、父がやっていたアップルライン店に入ったんですが、再契約のときに『私がやりたい！』と言ったら、兄は反対したというか、心配してました。売上げが低かったからなんですけど、それより私としては、とにかくワークマンがやりたかった。それでアップルライン店で加盟したんです。……ただ、その2年後に水害があって、すべてを失ったようになってしまったんですね」

２０１9年10月13日、台風19号による豪雨被害である。

店は一夜にして１・２メートルの高さまで水に浸《つ》かってしまい、１週間ほどは店舗に近づくことさえできなくなった。

このときの話をすると、佐々本さんは涙で言葉に詰まった。

〝これからいったいどうなるのか……〟

不安に押し潰《つぶ》されそうになっていた頃のことを思い出しての涙なのだろう。

本部としては、できる限りの早さで対応はしていた。現場に建設業者を入れて被害状況を確認したあと、ワークマンプラス店に業態を変えてリニューアルオープンすることに決めたのである。水害からわずか2か月ほどで店を開けられたのだから、多くの人の想いと努力が結集していた。

「辺り一面、水浸しになってしまい、店を失い、この先どうすればいいのか……。まったくわからず、とにかく不安で仕方なかったんです。ワークマンプラスでやっていくと決まるまでは何度もしつこく『これからどうなるんですか？』という確認の連絡を入れていたくらいでした。はっきりとした答えはすぐには出なかったんですけど、担当のSV（スーパーバイザー）の方が定期的に連絡をくれて、『佐々本さんへ最大限できることをしますから安心して待っててください』って、すごく丁寧にフォローしてくれていたんです。その後、ワークマンプラスとして再オープンできて、売上げを2倍くらいにできたんですから地獄から天国に行けたようなものでした。バチが当たるんじゃないかって怖いくらいです。ワークマンにはこれからも私を見捨てないでほしい（笑）。ワークマンプラスになって忙しくはなったんですけど、やっぱり売上げは、ないよりあったほうが楽しいですね」

　話の中に出てきたSVとは、店舗を巡回しながら、仕入れや商品構成などの販売戦略を細かくアドバイスしていくコンサルタントのような存在である。ひとりのSVが担当するのは8〜10店舗ほどで、通常は2週間に一度くらいのペースで店舗を訪問することになる。ワークマンに限らず、多くのフランチャイズにはこうしたSVが存在している。

迷わなかった次女と、迷った三女

次女の宮本由季《みやもとゆき》さん（41歳）は、結婚して出産してからワークマンを手伝うようになっていた。

「次の子どもを産むときに休ませてもらったり、子どもをおんぶしながら働いたりとか、いろいろ迷惑をかけながらやってきてたんですが、信州中野店を継ぐかという話になったときには迷いませんでした。いつ頃からか、いずれそうするものだと思うようになっていたからです。旦那は別の自営業をやっていて、最初は朝だけ手伝ってもらったりしてたんですけど、コロナの感染が広がってきたときに自分の店はやめてワークマンに専念するようになったんです。私自身、ワークマンの仕事は好きです。子どもの面倒をみながら長い時間、店に出ているのはしんどいですけど、疲れたなあってなっているとすぐに仕事ぶりに出ちゃうので、そこは気をつけて働いています」

三女の田中由珠《たなかゆみ》さん（38歳）が正式にワークマン須坂《すざか》店をやっていくことになったのはごく最近のことだ。２０２１年5月の加盟である。

須坂店は母親の弟さんが店長になっていた店舗だった。坪根家の親族では4店舗を運営していたことになる。

田中さんは振り返る。

「叔父《おじ》さんが辞めるとなったとき、どうするか、という話になったんですね。自分が店長にはなりたくなかったけど、それまでにも手伝っていたワークマンを続けていきたい気持ちは強かったんです。使ってもらう立場のほうが居心地がいいので、そういう立場におさまりたかったんですね。『店長は無理！　やらない』って言い続けていたのに、旦那に相談したことから、結果的には旦那に店長をやってもらうことになりました。それまでは別の仕事をしてたんですけど、この先もずっと続けていくかを悩んでいたところだったんです。そんな旦那がいてくれて助かりました（笑）」

長女の佐々本さんや次女の宮本さんは互いに助け合いながらも売上げなどを比較する〝ライバル〟という感覚もあるそうだ。だが、三女の田中さんにはまだその意識はない。

「始めたばかりなので自分の店のことでいっぱいいっぱいですから。姉たちをライバルと見るところまでは全然いってないです。これまでずっと姉たちには助けられてばかりだったので、そういうことを思い出すと泣きそうなくらいです」

そう言って田中さんは本当に泣き出してしまった。

店をやっていくと決め、実際に始めていくうえでは、姉たちの支えにそれだけ救われたということなのだろう。脳裏にはいろいろな場面が蘇《よみがえ》ってきたのだと想像される。

ワークマンは「家でした」

こうしてそれぞれにワークマンをやっていくことになったわけだが、「家業を継いだ」という意識は生まれるものなのだろうか？

佐々本さん（長女）は次のように答えてくれた。

「家業って言われると家業なのかなって。そういう感覚ですね。なにせ、うちの父と母のワークマンへの愛情がすごいんです。30年以上やってきているなかで、父と母からワークマンの悪口や愚痴を聞いたことはなかった。いい部分ばかりを聞かされて洗脳されてきたような気もするほどです（笑）」

宮本さん（次女）も頷《うなず》く。

「たしかに家業を継いだという気持ちはありますね。家にも店（会社）にもどちらにも愛情はあります。親からは『ワークマンはいいよ。店長になれ、店長になれ』と言われながら育てられてきました。ずっと『やだ、やだ！』って言い続けてきたはずだったのに、いつのまにかこうなっていたという（笑）」

田中さん（三女）が須坂店をやっていくかどうかを悩んでいた時期には、佐々本さんに対して「ワークマンのいいところと悪いところを挙げてみて」と頼んでいたそうだ。

そう言われて佐々本さんは困ってしまっていたのだという。

「〝えっ、悪いとこ？〟みたいな感じになったんです。何かがあれば妹に愚痴を聞かせていたので、店長をやるのがすごく大変なことのように思わせちゃっていたんでしょうね。でも、いざそう聞かれると、悪いところなんて何も出てこなかった。自分で決めたほうがいいと思ったので、やったほうがいいよとは言わなかったんですけど、結局、やることに決めたわけですからね。兄妹揃って家業を継いだのかといえば、そうなんでしょうし、とにかく両親がワークマンを好きすぎたことに引きずられた気はします」

知らず知らずワークマン愛に染められていたというのがすべてなのかもしれない。

「ちっちゃい頃に遊びに行けるところはワークマンしかなかったしね。それを受け入れてくれた本部の人たちもすごいなって思います」（宮本さん）

「私も一緒の気持ちです。ワークマンは本当に家でした。ワークマンに行けば、ずっと、じじばば（両親）と一緒にいられたから寂しくなかった。父親は寂しい思いをさ

せたって言い方をするんだけど、そんな記憶はないんです」（田中さん）

光伸さん（長男）にも聞いたことだが、家業を継ぐ意識はあっても、そのためにはまず審査を受けなければならない。そういうルールがあることに関しては疑問をもたず受け入れられたのだろうか？

それについては母親の玉江《たまえ》さんが次のように話してくれた。

「それは当然ですね。ワークマンという会社がきちんと土台をつくって、やってくださっているからこそ、うちの子どもたちもやっていける。そういうことだと思っているので、それでいいんじゃないですかね。土台をつくってくれている本部に応《こた》えるためにも、ちゃんと売上げを立ててねって子どもたちには言ってます」

家族全員が同じ仕事をやれることになったのだから親としては感慨深いことだろう。

「子どもの人生を親がかまいすぎてはいけないと思いますけど、みんなが継いでくれたのはやっぱり嬉《うれ》しかったですね。親としては、みんなが一緒にいてくれて、いいことも悪いことも分かち合えるのは悪くない（笑）。〝この子にこの店を継がせたい〟というような部分で勝手はできないので、その辺の難しさはありましたけど、それは仕方がないことですからね。私たちは自分のお店だと思って手塩にかけてきたけど、実際には自分の店じゃないのがフランチャイズですから。それでも結局、こういうかたちで子どもたちが継いでくれて、こんなに幸せなことはないと思っています」

自分の子どもにも継がせたいか

親から継いだワークマンをさらに自分の子どもに継がせたい気持ちはあるのだろうか？　宮本さんは言う。

「うちは子どもが5人いるので、いつか誰かひとりが継いでくれたらいいなって思っています。いまのところは誰もそう言ってくれてないんですけど、それはたぶん、家に帰ると私がすごく疲れてるのを見てるからじゃないかなって思うんです。いま就職活動をしている長男は『どこも受からなかったら、ワークマンをやるよ』とも話してたので『そんな言い方は失礼だから、そういうことは口にしないで。本気でやる気になったら言ってきて』と返しておきました」

これまで子どもに継いでほしいと考えたことはなかったというのが佐々本さんだ。

「ひとりはもう就職しちゃってますからね。でも、『何かあったときには一緒にやろうよ』と話してみようかな。下の子は中学生になったばかりの女の子なんですが、『高校生になったら、うちでバイトしてね』とは言ってます。早くそうなってほしいし、やっぱり家族で働きたい気持ちは強いですね。私自身、親と働いていたときがいちばん気持ち的にはラクだったし、家族でやっていくのはすごく支えになります。同じ仕事をしているだけでも支えになるけど、ひとつの店を家族でやりたい。だから、子どもに継ぎたいって言われたなら、ぜひ継がせたいです。そこに向けてまずは、『絶対、うちでバイトをやってね』って種蒔《たねま》きしておくことにします（笑）」

田中さんのところは店を始めたばかりで、お子さんもまだ小5だ。

いまのところは「急に生活が変わって寂しい思いをさせている」という気持ちのほうが強いようだ。

「継がせるとか、そういうことは全然考えてなかったんですけど、姉たちの話を聞いていて、たしかに子どもから継ぐって言われたら嬉しいだろうなとは思いました。ずいぶん先のことなので、まだまだこれからの話ですけどね」

店舗と本部の良好な関係

坪根一家の話を聞いていて感じられるのは、ワークマン本部との信頼関係の強さだ。

母親の玉江さんは言う。

「とにかくずっと〝人に恵まれてきた〟とは感じています。ＳＶの人たちもみんな素晴らしい人たちだったので、商品展示会に行くときなどはできるだけ皆さんに会えるようにしていたくらいなんです。ＳＶの人たちは、うちの子どもたちの小さい頃も見ているので『こんなに大きくなったの！』って言ってくれたりするようなお付き合いになってるんです」

　他人ではないような親近感がありながらも、仕事として一線を引く緊張感があるのはもちろんだ。宮本さんはこうも言っている。

「本部の人が来るって聞くと、すごく緊張して焦りまくるんです。すべてのチェックをもう一回しておかなきゃいけない気持ちになるんですよ。ＳＶが来るときでもチェック項目があるので気をつけますし、もっと偉い人が来るとなれば、さらに気をつけるようにしています。でも、それによってふだんとは違う目線で店を見られるので、その緊張感は必要なんじゃないかなって思っています」

　この感覚は佐々本さんも同じのようだ。

「来るって聞いた日からずっと気が気じゃないよね（笑）。ＳＶが回ってくるのがわかっていれば言われていたことをちゃんとやれているかと考えるし、マネージャークラスが来るとなれば不安で仕方がないです。できるだけ良く見せたい気持ちがまさっているからだと思うんですけど。……でも、ＳＶの人は、もっとしょっちゅう来てくれてもいい。店を見てもらって指示などを受けると安心できるんです」

ワークマンはクリアホワイト⁉

ワークマンはホワイトかブラックか？

直球でそんな質問をぶつけてみると、宮本さんは笑ってこう答えてくれた。

「どういうフランチャイズがブラックなのかはわからないんですけど（笑）、ワークマンは本部に助けてもらいながら仕事をしていけるからホワイトなんだと思います。自分の収入に関わってくるので売上げを下げちゃダメだってプレッシャーはありますけど、パートさんに入ってもらうことで働く時間は調節できるし、子どもの授業参観とかにもしっかり行けてるので問題はないですね。ＳＶさんに『その日は子どもの授業参観なんです』と話せば、店に来る日も変えてくれます。普通に（会社とかで）働いてるよりずっとやりやすくて幸せだと思っていますよ」

田中さんも同意する。

「すごくよくしてもらっているのでホワイトというかクリアホワイトですね。本部の

三女田中由珠さん、次女宮本由季さん、母坪根玉江さん、長女佐々本由佳さん

人たちがいい人たちだったからワークマンをやろうって決められたくらいで、すごくいい会社だと思っています。クリアホワイトというのは姉に言わされたんですけど（笑）、私は子どもの頃からとにかく皆さんによくしてもらっていたんです。いつも店の中で自由にしてたのに、怒られたことがなかった。前の社長さん（栗山《くりやま》清治《きよはる》前社長）にも『三女はよく寝てたな』と言われたことがありました（笑）。それくらいフレンドリーな人たちですね」

本当にそうだね、と続けたのは佐々本さんだ。

「店に来て嫌な人って、いままでひとりもいなかった。優秀な人たちが巡回して、いろいろ指示してくれるから、私みたいなのでも店長としてやっていけるんです。さっきは巡回があるのがプレッシャーになるようにも言いましたけど、実はアテにしてるんです。『店長も休んでね』とかやさしい声もかけてくれるし、ほんとにホワイトだよね」

この言葉のあとに三姉妹は口を揃えて言った。

「そうじゃなかったら、みんなが揃ってワークマンをやったりしてないもんね」

強制されるわけでもなく、親から子どもへと引き継がれ、さらに自分の子どもに引き渡したいと考える。ワークマンはそういうフランチャイズになろうとしている。

ご両親が加盟していた時代の飯山バイパス店を訪問したことがある。そのときは長女の佐々本さんが群馬県で生活されていた時期だったが、ご両親からはこんな話を聞かされた。

「店にはよく娘や孫たちが集まるんですよ。孫同士も年が離れているので、上の子が下の子の面倒をみたりして、うまくやってます」

お盆になると本家に集まる大家族の様子が連想され、微笑ましいと思ったものだ。

坪根家では、親族が集まって運動会を行うこともあるのだという。地域の運動会というのはよく聞くとしても、ファミリーの運動会というのはなかなか珍しい。大勢の家族が寄り添って暮らしていけるのは、うらやましい人生だと感じた。一家の幸せにワークマンがひと役買えているというのも嬉しい限りだ。

ご両親のワークマン愛はとにかく強く、それが子どもたちに継がれて〝次の店長〟になってくれる。子どもたち4人で4店舗に加盟するようなケースは特別だとしても、100年の継続を考えるうえでは理想のかたちがここに見られる。

それではなぜ、ここまでのワークマン愛が生まれるものなのか？

仕組みの部分などを通して、ワークマンがフランチャイズ加盟店との関係をどのように構築しているかについて、これから見ていきたい。

フランチャイズ再契約率は99％ ひとが辞めない仕組み

―保育園にはどの家よりも早く迎えに行ける―

ワークマンでは伝統的に「加盟店に儲《もう》けてもらってこそ会社の利益になる」というスタンスを貫いている。

フランチャイズとしてホワイトなのかブラックなのかを分けるポイントとしては、まず働き方の面が問われる。

最近はコンビニなどでも時短営業の取り組みが始まっている。それでもコンビニの基本は24時間営業だ。元日休業などが実験段階にあるといっても無休が当たり前になっている。他業種との比較によって話を進めたいわけではないが、ワークマンの営業時間は7時から20時で、年間店休日は22日とっている（年間22日というのは本部指定の店休日で、店長の判断などでそれより店休日を少なくしている店舗もある）。

そのため「えっ、正月休みがあるんですか？」、「正月やお盆のほかにも店休日があるんですか？」と驚かれるケースも多い。月平均にしておよそ2日の店休日があるチェーンはあまりないはずだ。

開店が7時と早いのは、お客様のニーズに合わせた結果である。

ワークマンは「職人の店」としてスタートしていて、そのスタンスは現在も変わらない。職人さんは道の渋滞を避けるためにも朝早く家を出て、作業する場所へ向かう途中で必要品を買うことが多い。そうした行動様式に合わせて、創業時は8時だった開店時間を7時に早めたのである。

ワークマンプラスのブームによって日中に来店する一般客は増えたものの、何年か前までは、朝のひと山を越えれば日中の店内は閑散とする場合が多かった。夕方以降、仕事帰りの職人さんが再び店に寄ることも多くなるので閉店は20時としている。

開店前、閉店後にしなければならない作業は5分程度なので、開店直前に店にやってきて、店を閉めたらすぐに帰宅することもできる。

・レジ精算はお昼に済ませておくルールにしている
・商品は夜間に配送されるのでお客様が少ない朝一番から品出しができる
・独自の自動発注システムを開発していることで発注業務の負担を軽減できている

などというように店長が必要以上に長く店にいないで済む工夫を凝らしている。

朝7時に店を開けるために6時から店にやってきて、売り場をしっかり整理しようと考える必要はない。朝7時に来店するのは、何を買うかが最初から決まっている職人さんたちなので、目的の商品を買うことができれば品出し作業で店内が多少ごたついていても苦情は出ない。店内をゆっくり見たいと考える一般客が来るのは10時頃からなので、それまでに店内の整理ができていればいい。

最初に書いたように本部としては、加盟店の店長にはがんばりすぎないでほしいと思っている。閉店後、何時に帰っているかは防犯システムでも確認できるので、遅くまで残りがちな店長がいるのがわかれば、「早く帰るようにしてください」とお願いすることもある。遅いといっても21時や22時などということではない。20時半でも遅い。20時に店を閉めたなら20時5分や20時10分には帰ってほしい。それができる体制を敷いている。

本部指定の店休日にも店を開ける店長は少なくないが、本部としてはできるだけ休んでほしいと望んでいる。あまり無理をして体を壊しては元も子もないので、ほどほどの働き方でいてもらうのがいいからだ。

自分の親が働き詰めでいて、休みを取らずにいれば、子どもはいい印象をもちにくいので、そうなることも避けたい。

SV歴も長かった営業本部長の平野《ひらの》貴行《たかゆき》は、新しく店長になった人たちにはできるだけ休みを取るようにと勧めているそうだ。

「店舗運営は意外と体力を使いますので、『店休日はしっかり休んでください』と話をしています。それでもなかなか休みを取りたがらない方に対しては、『店休日を利用してワークマン以外の店舗を見て回るといいですよ』と話すこともあります。自分の店しか見ないでいると、どうしても視野が狭くなるからです。いろんなお店を見て回れば新しい発見がありますし、いい気分転換になります。また『同じ店でもワンシーズンに3度見に行くといいですよ』と話すときもあります。シーズンの初め、ピーク時、晩期に行くと、どんな商品が売れていて、売れていない商品にどういう対策を打っているのかがよくわかるので、お勧めしてるんです。長く続けていただくためにも休みを取るのは大事なことですので、いつもこういう話をしています」

期限を設定しなければ、実現できる

ワークマンでは自動発注システムの開発にも力を入れている。

これまで店舗では、どの商品をどのくらい仕入れるかに頭を悩まし、店長たちがかなりの時間を割いてきていた。しかし、このシステムを使えば、一括発注ボタンを押すだけで店舗に必要な商品が必要なだけ納品される。

店舗ごと、商品ごとに、直近の月販から需要を予測して、理想の在庫量を計算して店舗への納品数を決める仕組みとなっている。

直近の販売動向にもとづいて、システムが自動的に適正在庫を維持させるので、店長の仕事量を減らすだけでなく、売上げ向上にもつながる。事実、このシステムを導入すると、店舗の売上げは未導入店より4～5％増えるというエビデンスも出ている。4～5％というのは大きな数字だ。売上げ1億円の店なら500万円になる。

だが、このシステムはまだ全店導入はしていない。地域などによっても売れ筋の商品が変わることがあるので、システムを導入した店舗としていない店舗を比較しながら、さらに精度を高めようとしているからだ。

最初に開発された段階でも効果の大きさは確認できていたが、現在は第三次開発に進んでいる。ここまで開発には8年ほどの時間をかけていて、かなりの水準のシステムになっている。それでいながらまだ全店導入していないというのも通常の会社では考えにくいのではないだろうか。それをやるのがワークマンである。

どうして妥協しないのかといえば、加盟店にとって確実に役立つものにしたいからだ。これまで店長たちは仕入れのために2時間といったレベルの時間をかけている場合が多かった。この2時間をなんとしてでもなくしたかった。そのうえでいかに売上げを高めるかを考えている。店長たちには「働く時間を短くしたうえで稼いでほしい」。その実現のためにこの開発を続けているのだ。

自動発注システムについては第三次開発で完成形にできるのではないかという手応えが摑《つか》めているが、完成までの期限は設定していない。

期限があればできないことでも、期限がなければ実現できる。

きれいごとに聞こえるかもしれないし、すべてをきれいごとで進めようとしても、うまくいくものではないにはちがいない。

それでもやはり、きれいごとこそ、やっていかなければならないと私は信じている。

ホワイトこそが100年の競争優位になる

加盟店と共存共栄していくためにもいっさいの妥協はしない。

現社長の小濱英之《こはまひでゆき》（2019年4月1日に代表取締役社長に就任）も「加盟店の困っているところを探す」ということを大事にしている人であり、そういう姿勢がワークマンという会社の中にはDNAとして受け継がれている。

社内の誰もが〝加盟店にとってのマイナスをなくして、プラスにするためにはどうすればいいか〟という部分に目を向けているのである。

以前は会社にとって大切だったのはブランド価値だったが、現在はレピュテーション（評判）になっているのではないかと思う。

ステークホルダー（企業の利害関係者）のあいだでどのような認知をされているの

か？　その評価、評判が、１００年の競争優位を築いていくうえでも大きな意味をもってくる。

もちろん、評価を気にして加盟店ファーストの姿勢をとっているわけではない。受け継がれている姿勢が結果的にレピュテーションを高めることにもなっているのだ。

フランチャイズの審査基準

ブームの影響もあり、現在はフランチャイズの問い合わせはかなり増えている。その意味でいえば狭き門になっている面もある。ただし、応募フォームに寄せられる問い合わせや履歴書の段階でお断りせざるを得ない人が多いのも事実といえる。

加盟に必要な要件としては、主だったところで次の項目を挙げている。

- 法人名義での契約はできず、契約は1店舗に限られる
- ご夫婦での参加が基本（三親等以内の親族でも可能な場合がある）
- 50歳未満（本人、パートナーともに）
- 健康状態が良好

・通勤30分圏内の方（高速道路を使わず）

これらの要件に合っていない応募者も少なくないのが現実だ。「自分でも会社を経営しているので、事業の一環としてワークマンをやりたい」と言ってくる人などもいる。基本の要件に反しているので、最初からお断りしている。また、いきなりに近い感じで「人材が足りないんだろうから俺がやってやる」などという言い方をしてくる人もいる。こうした話し方しかできない人に店舗をお願いすることはあり得ない。

履歴書などに問題がなければ担当者が面談して、考え方などを聞かせてもらう。この部分には十分な時間をかけて審査している。

稼ぐ能力が高いかどうかよりも重要なことがある。ＳＶや本部と良好な関係で続けられ、お客様に対しても親切であること。求めているのは〝ワークマンが好きで、本気でやりたい〟と考えてくれている人たちだ。

店長には「店の顔」になってもらう

ワークマンでは、店長にはできるだけ〝店の顔〟になってもらうように要請している。そのように望んでいるのは、チェーン店としてはワークマンならではのことかもしれない。お客様からなんでも気軽に質問してもらえるような心の交流を大切にしてほしいと考えているからだ。

私が店舗を見て回っているなかでは、職人のお客様から「あれ、来た？」と聞かれて、「来たよー！」と返している店長を見たこともある。お客様へのタメ口は禁じているが、一概に咎《とが》めるのも難しいところだ。

このお客様は駐車場から声をかけていたのに、レジ傍《わき》にいた店長は声だけで相手が誰だかわかったようだった。朝一番で「あれ、来た？」と聞かれて「来たよー！」と即答できたのは、注文を受けていた商品が届いているかの確認をいち早く済ませていたからだろう。こうした関係が築けていたなら、お客様の側でも敬語を使われることはおそらく望まないはずだ。タメ口になっていることの是非を問わなければ、最高のサービスといえる。

一見《いちげん》のお客様がいた場合、「常連中心の店なのか」という疎外感を与えないように注意すべきだが、お客様の信頼を厚くして、いろいろなかたちで頼ってもらえるようになってこその〝店の顔〟だ。このお客様などは注文した商品がまだ届いていないのなら、店に入らずそのまま仕事に行こうと考えていたのだと想像される。こうした気軽さを持ち込めるようにしているのは信頼と親しみがあってこそのことだといえる。

この店長はどのお客様からも信頼されているようで、地域でナンバーワンの売上げを記録するようになっている。

「ご夫婦での参加」を基本にしていることにも意味はある。

夫婦で協力していけば、ふたり揃って開店から閉店まで店にいる必要はなくなる。ご夫婦が入れ替わりで店にいるようにしている店舗は実際に多い。

そのため「保育園に子どもを迎えにいくのがどこの家よりも早くできている」といった声も聞かれている。

また、夫婦で経営していればお客様にとっても馴染《なじ》みやすく、「店長いる？」、「今日は奥さん、いないの？」といったコミュニケーションが生まれやすい。ワークマンとして求めているのはそうした店舗運営である。

店長夫婦には店の顔になってもらう必要があるため、人任せすぎる経営はタブーになるが、店長が休んで、スタッフだけで店舗運営する時間帯や曜日があるのはまったくかまわない。むしろそうしてもらうことを本部の側では望んでいる。

どのくらいの人数のスタッフにどの程度の時間、働いてもらうかは、人件費を考えた店長の裁量にゆだねられる。

次章以降で詳しく解説するようにロイヤリティを一定比率にしているなど、ワークマンでは必要となるお金や分配金の仕組みはわかりやすいものにしている。

フランチャイズによっては、売上げに応じてロイヤリティが変動する契約になっている場合も少なくない。売上げが増えるほどロイヤリティも高額にしていくやり方などはワークマンの考え方とは真逆のものだといえる。

再契約率はほぼ100%!

ワークマンのフランチャイズ契約期間は3年で(以前は6年だったが、2022年1月以降の契約より3年になる)、双方の合意があれば再契約が可能となる。

70歳未満定年制で、定年を迎えるケースなどを除けば再契約率は99%になっている。

一度目の再契約率はほぼ100%だ。ほとんどの店長は2度目、3度目、4度目と、定年まで再契約を重ねていく。

99％に入らない1％がどういう人かといえば、ワークマン経営が嫌になったというのではなく、次の人生を考えるようなケースが多い。

「この後は海外でボランティアをしたい」、「これから農業をやりたい」という人などが実際にいた。一定期間、ワークマンの加盟店になっていたことで、第二の夢、第三の夢を追いかけていくための資金を貯《たくわ》えられたということなのだろう。

店長が定年を迎える際、ほぼ半数は身内などに事業継承される（2020年末までの実績で47％）。

店長が子どもにあとを継がせたいと考えたとしても、そのまま認められるわけではないのはこれまでにも書いてきたとおりだ。必ずあらためて審査を受けてもらう。

それを考えたなら、およそ5割の店舗が身内に継がれているというのはすごい割合だといっていいはずだ。店長の身内だからといって審査があまくなるわけではない。数年間、父親の店を手伝っていた息子さんでも加盟を認めなかった例もある。

とはいえ、店長の身内などが審査に落ちる例は、どちらかというと少ない。それにはいくつかの理由が考えられる。

ひとつには本気度の高さが認められやすいこともあるだろう。親から「お前が継がないか」と言われないうちから自分で「やる（継ぐ）」と言いだすパターンも多い。

子どもの頃から親の背中を見ていた場合には、ワークマンの店舗運営の実態を知っているはずだ。それでも「やりたい」となったのであれば、加盟後に挫折《ざせつ》する可能性は低いとみなせる。

また、本部の人間やSVが、それ以前から店で働いている姿を見ている場合には、その段階で人柄を見られていたことになる。挨拶《あいさつ》や接客態度など、ふだんの様子を見られていたなら、新規に面談するよりも判断材料は多くなる。

子どもに継がせたいと考える店長がここまで増えてきたのはここ数年のことだ。以前はこちらから「息子さんに継がせるのはどうですか?」と持ちかけても、「息子はもう別の会社で働いているから」などと返される場合が多かった。それが最近は、店長のほうから「店で働かせて継がせたい」と言ってくるケースが増えてきたのだ。

そうして二代、三代と店舗が継がれていってこそ100年構想に近づける。

生活に不安はないのか?

加盟しようかと考える人たちがもっとも気にかけているのは「本当にやっていけるのか?」、「生活に不安はないのか?」という点だろう。当然の心配だといえる。

我々の側では、実例をもとにした資料を提示し、売上げ見込みや店舗運営での支出額なども示しながら、「このようにやっていければ大丈夫ですよ」と説明している。それでも面談の際などには、「絶対に大丈夫です」と断言することはない。成功するかどうかは本人にゆだねられる部分も大きいし、商売である以上、絶対はないからだ。

過去には売上げを増やせず閉店した店もあるにはあった。ただし、売上げだけの理由によって加盟店との再契約を拒否したことはない。

現在は、売上げが増やせない店舗はワークマンプラスに業態を変えたり、本部やSVがサポートを強化するなどの対策をとっている。それによって、すべての店舗が一定以上の売上げを出せるようになっている。

2021年3月末時点で1店舗の平均年間売上げは1億6025万円となっており、赤字店舗は存在していない。ほぼ全店舗が優良店になっているということだ。

このように環境は整ってきているので、店長たちには地域に密着した店舗運営をしてもらったうえで納得のいく収入を得てほしい。

失敗例を出さないためにも新規出店をする際には綿密な調査も行っている。ただし、どんなに素晴らしい立地であっても、売上げは人（店長）に左右されるのも事実。うまくやれなかった人が辞めて別の店長が入ったことにより、売上げが2倍、3倍になるといったケースも過去にはあった。店長としての能力だけでなく、その土地に馴染めるかどうかといった要素も関係しているものと考えられる。

加盟店とSVの二人三脚

フランチャイズのなかで見れば労働条件が厳しくないほうだとはいえ、やはりサラリーマンなどに比べれば勤務日数は多く、勤務時間は長くなりやすい。

また、個人事業主になるのだから定期収入などは約束されない。

加盟するにあたってはそういう部分での覚悟は必要になってくる。

過去には「サラリーマンのほうがよかった」と口にする人もいなくはなかったので、そういう人はサラリーマンのほうが向いていたんだろうな、と考えるよりほかはない。ただ、大多数の人は、そういう部分を含めても独立してよかったと思ってくれているようだ。「独立したことで家族の絆《きずな》が深まった」という言い方をする人もいる。

加盟店にエントリーするかを迷っているのだとすれば、人生の価値としてどの部分に重きを置くかということから判断してもらうしかない。私たちとしては、価値観を共有できる人とともに歩んでいきたいと願っているだけだ。

加盟の審査では、人柄を重要視しているが、社員の採用においてもそれは変わらない（この点については第5章で詳しく解説する）。

長年の方針なので、ワークマンの社員には思いやりがあるタイプが多いといえる。SVにしても社員が務めているのだから同様である。そういう背景もあって加盟店とSVは二人三脚というスタンスを取りやすくなっている。

ワークマンが〝一般的な作業服店〟だった時代から知っている前出の平野営業本部長は次のように話している。

「加盟店さんとの関係はずっと良好である気はします。店舗数が少なかった頃のほうが店長とSVの距離感は近かったかもしれないですけどね。いまのほうがドライな面は出てきているとしても、SVはみんな、加盟店さんとのいい関係を築けていると思います」

平野と同様にSV歴が長く、現在は加盟店推進部（加盟店に応募してくる人の採用などを担当している部署）の部長を務めている八田《はった》博史《ひろし》などは店長たちとウエットすぎる関係を築いてきていたようだ。

「店長さんのお子さんの結婚やお孫さんの誕生など、人生のイベントのほとんどすべてを共有していることもありますからね」とも言っている。

巡回中、体調が悪いと言っていた店長のいつもと違う様子に違和感を覚えて救急車を呼び、命を救ったケースなどもあったそうだ。

その八田はこういう言い方もしている。

「自分たちがやっていることが店長さんたちの人生に関わっているという想いは強いですね。仕事という観点でいうなら、フランチャイズにおいて本部は加盟店からロイヤリティをいただく立場になります。そのためそのつど〝ギブ・アンド・テイクの発想をもつのは間違っている。すでにロイヤリティを受け取っているのだから、ひたすら加盟店にギブだけをし続けていくのがSVの仕事だ〞という言い方も成り立ちます。私が若い頃に受けたSVを対象としたセミナーでそういう話を聞いたことがあって、ものすごく納得したんです。見返りを求めるのではなくお店が喜んでくれることを、とことんやっていくのがSVなのかな、と思うようになりました。実際にそれができているSVがワークマンには多いのではないかと感じています」

こうしたなかで人と人の絆が生まれ〝子どもに継がせたい〞という発想も生まれる。

ワークマンはそんなフランチャイズ運営ができるようになっているのではないか。

私たちはそう考えている。

第2章

ホワイトへの道

「ワークマンの歴史」を知る店長たちの本音

ワークマンのフランチャイズには歴史がある。

以前からどの店舗でも好調な売上げをキープできていたわけではなく、苦しい時期を経験している店舗もあった。とくに「リーマンショックのときはつらかった」という声は多く聞かれる。建設業界では2008年から2010年にかけての失業率が高く、就業者が50万人以上減少したといわれている。職人さんを主な顧客としているワークマンの売上げが落ちるのは避けられなかった。

その頃にもホワイトフランチャイズといえる状況だったかについては加盟店ごとに判断してもらうしかない。

長くフランチャイズを続けている店長たちは、これまでの歴史やリーマンショックのようなつらい時期をどのように感じているのか？

読者の皆さんに提示したいだけでなく、我々としても気になるところだ。

無名、不景気の時代でも続けてこられた理由

――「ワークマンって何屋さん？」――

岩手県のワークマン北上常盤台店《きたかみときわだい》の店長である瀬川勝彦《せがわかつひこ》さん（56歳）は1993年の加盟なので、キャリアは30年近い。社員以上にワークマンを知っている人だともいえる。

ワークマンを始めたときの状況から振り返ってもらった。

「私は以前、流通の仕事をしていて、何か自分で仕事を始めたいと考えていたときに雑誌に募集告知が載っていたのを見つけて加盟にいたったんです。コンビニなんかも考えましたけど、初期資金がワークマンのほうが少なくて済むので迷いませんでした。その段階で28歳でしたね。いま振り返っても、自分ではいい選択をしたと思っていますよ」

歌手の吉幾三《よしいくぞう》さんが出演するお馴染《なじ》みのテレビCMが始まったのが1987年だ。

90年代初頭のワークマンはまだ100店舗規模のチェーンであり、店内の様子は一般的な作業服店と変わらなかった。瀬川さんはそういう時代に店長になっていたわけだ。

それこそブラックと感じられる部分もあったのではないかとも想像されたが……。

「ブラックですか？　う〜ん、休みが少ないなと感じていた時期はありましたけど、それくらいですかね。流通をやっていたときにしても、時期によっては徹夜で仕事をしたりしていたので、とくにワークマンが厳しいとは思わなかったですよ。自分的にはブラックというイメージはなかったですね。もちろん、今と昔を比べたなら、扱う商品も含めて、いろんな面で変わってきたとは感じます。最初に店を始めた頃は、周りの人からも『ワークマンって何屋さん？』、『そんな商売を始めて大丈夫なの』と言われたものだったのに、いまはワークマンと言えば一発でわかってもらえるようになりましたから。すごい会社になったなと思いますね」

ワークマンの変化、成長を目の当たりにしてきた瀬川さんは、これまで会社に対して悪い印象をもったことはなく、加盟を後悔したこともなかったという。

「最初の3、4年くらいは貯《たくわ》えもなくて資金繰りが大変でしたけど、そこを乗り越えてからはなんとかなりました。もちろん、苦労はいっぱいしてきたんですけど、どんな苦労があったかとあらためて聞かれると、なかなか出てこない（笑）。その程度の話だったということなんでしょう」

水が合っていたといえばそうなのかもしれない。どんな仕事にも向き不向きはある。

「ワークマンを始める前には工場勤務をしたこともありましたけど、販売のほうが自分に合っている気はしました。販売はとにかく奥が深い。どこまでやればいいという終わりがないので、いろいろ考えながらやっていくのがおもしろいですね」

リーマンショックの衝撃

ワークマンの知名度がまだ低かった時代にも瀬川さんは、自分がやるべきことを実直にやり続けてきた。

「いまは一般の人や女の人も増えてきて、お客さんは職人さんと一般客が半々くらいになってきましたけど、このあたりはもともと工業地帯なので、最初は職人さんが多かったんです。オープン後1、2年くらいは工場などにも営業に回っていましたが、自分はどちらかというと外回りは苦手なんです。それで外回りを減らして、その分、店に来てくれるお客さんに対しては、がっちり対応していこうという考えでやってきました。そこから新しいお客さんを摑《つか》めたこともありましたね。店に来られるお客さんから、どこどこの会社が何を探しているという話を聞かせてもらって、それならありますよ、ということから取引きが始まったケースなどもあったんです」

　そのうち常連のお客さんは増えていき、付き合いも長くなっていった。

「そうですね。オープンの頃から来てくれているお客さんは『いつもの』といった感じで買い物をされるし、縁は深くなっていますね。何年かぶりにやってきて、『まだ元気にやってるんだね』と声をかけてもらったこともありました。子どもの頃に親に連れられて来ていた人が立派になっていったり、会社の社長さんが息子さんにあとを継がせたりしているケースなんかもあります。そういう人たちが変わらず店に来てくれると〝ずっとやってきてよかった、やっただけのことはあった〟と思います」

　まさに我々が望む〝店の顔〟としてのあり方だ。

　そうして長く続けているうちにはやはり商品や客層にも変化は出てきた。

「一般のお客さんが増えたというだけでなく、若い職人さんたちが昔ながらのニッカ（ニッカボッカ）や地下足袋《じかたび》をはかなくなってきたんですから、変わりましたよね。年配の人には昔あった商品が欲しいと言われることもあるんですけど、ないものはなんともできないので、そういうところは時代だなと思います」

　経営の浮き沈みはもちろんあった。

「大きくいえば、２００８年に起きたリーマンショックを受けて厳しくなり、２０１１年の震災では需要が増えました。リーマンショックのあとは、丸々１年間、月々の目標を達成できないくらい売上げが落ち込んだんです。これまでやってきたなかでもとくに厳しい時期になりましたね。そんなときでも続けてこられたのは、常連の職人さんたちがいたからです。動揺した面もあったんですけど、〝反動できっとまた上がるときがくる〟という考えになれたので、そこまで不安にならずに済みました。震災については、このあたりはそれほど被害が大きな地域ではなかったんですが、うちのカミさんの地元なんかはギリギリまで津波がきていたところなので、見に行って言葉を失いました……。その後、ボランティアや工事の人たちが被災地に入っていったので、必要品を揃えるための復興需要は2年くらい続きましたね」

娘が波を捉えはじめた

復興需要が一段落したあと、売上げの伸びは停滞した。だが、２０１８年にワークマンプラスが誕生すると、全国的なブームが到来することになる。北上常盤台店はそのなかでも大きく売上げを伸ばした店舗に挙げられる。

「カジュアル系の商品が増えてきたとき、うちではそういう商品をけっこう多く取り入れたんです。ちょうどその頃、娘ふたりが店を手伝ってくれるようになっていて、商品の発注にも興味をもったみたいなんですね。あるとき商品リストを見て『これ、きっと売れる。取っていい?』って聞いてきました。はじめてのことだったので『ああ、いいよ』と答えて娘に任せていたら、すごい数を発注し始めた(笑)。私の感覚としては、さすがに多すぎるんじゃないかという気がしてたんですが、それが完売したんです。自分にはそこまで思いきった仕入れはできないので、娘たちの挑戦があってこそ伸びたんだと思っています。娘の発注にストップをかけるつもりはまったくなかったというか、どうぞ取ってください、と(笑)。失敗して商品が残ってしまったとしても、それはそれで仕方がないという感覚でした。そこで止めてしまっていたなら先に進めない。やってみたからこそ、おもしろいと感じて、この仕事に身を入れるようになっていったんですから。最初は『お小遣いをあげるから手伝って』というところからやらせてみたんですが、上の娘に関しては、勤めていた会社を辞めて、秋から正式にうちで雇用することになりました」

止めてしまったら先に進めない――。

この言葉に象徴されるように、変化をおそれず、新しいものを取り入れていけるのが瀬川さんなのだろう。

担当SVによれば、周辺地区でも商品の知識は断トツなのだそうだ。昔からある商品だけでなく、新しい商品のこともよく学んでいる。そのため、お客さんの質問に曖《あい》昧《まい》に答えることはなく、常に的確に答えられる。他店舗の店長にも頼られていて、問い合わせを受けたりアドバイスを求められることも多いそうだ。

店舗用のiPadを導入した際にもすぐに対応したように新しいものに対して腰が引けることもない。そういう姿勢があるからこそ売上げを伸ばしていけたのだろう。

うちは昔ながらのやり方が合っているから、という人もいるかもしれないが、そういう姿勢でいたのでは、前進できないどころか後退していく一方になる。

「昔に比べてデータが重視されるようになったことについてですか？　それが時代の流れなんでしょうし、戸惑いはなかったですね。昔のようなどんぶり勘定に近いやり方を続けているより、先が見えやすくていいことだと思いますよ。データがない時代は、SVも店内を目で追って対応してたのに、いまはデータにもとづいて話をしてくれる。データをどう活用するかは自分次第になりますね。ただ最近は商品の注文が意のままにならないところもあって、もどかしいです。ワークマンの想定以上の人気によって一部の商品は数が足りず、入れられないことがあるんですよ。お客さんの求めに応《こた》えられないことがあるので、そこはちょっとつらいですね」

そう言う瀬川さんは冗談めかしてこうも続けた。

「これまで、ワークマンをやっていて嫌になることはなかったんですけど、最近になってむしろ疲れました（笑）。ワークマンプラスが出てきたあと、通常のワークマンで扱う商品も変わって、急激にお客さんも増えたことで忙しさの質が変わりましたから」

これから「2回目のオープン」を迎える

そんな北上常盤台店は、この秋、600メートルほど離れた場所に移転してワークマンプラスとして生まれ変わった（今回の取材は移転前）。

瀬川さんなら旧店舗のままでもさらに売上げを伸ばしていけると考えられていたが、建物が老朽化してきたので、移転しての業態転換に踏みきるのがいいのではないかと考えられたのだ。

「店そのものが変わって、商売のあり方も変わっていくのかなという寂しさはたしかにあります。でも、地域が変わるわけではないので、これまでのお客さんは来てくれるだろうと思ってるんです。変えるところは変えて、変えないところは変えない。そういうやり方でいても、新しいお客さんは増えていくと思うし、そこはしっかりと取り込んでいけるようにしたいですね。その先は未知の世界ですけど、未知の世界に飛び込んでいく怖さはないです。最初にワークマンを始めたときも未知でしたから。2回目のオープンを迎えるんだな、と。そういう感覚ですね」

古くからのワークマンを知り、変化の過程を見てきた店長がどんなワークマンプラスを展開してくれるのかは楽しみだ。

「次の契約ですか？　自分では再契約するつもりだし、やれる限りはやっていきたい。行けるところまで行ってみようかな、と思ってやっています。娘が本気でやる気になったなら、あとを託すことを考えてもいいですが、それについては本人次第ですね」

ワークマンの歩みをよく知る瀬川さんには、これからワークマンをやろうと考えている人、やろうかどうかと悩んでいる人へのメッセージもお願いした。

「ここまでやってきて、私自身はよかったと思ってますからね。これからやろうかと悩んでいる人がいるなら、『ぜひやってください』としか言いようがないです。誰でもできますよ、という言い方をしていいのかといえば、そんなに簡単なものではないはずですけど……。やる気を失わず、その先どうしていくべきかをそのつど自分で考えながらやっていくようにできるなら、始めてみてもいいんじゃないかと思いますよ」

店番しながら文庫本1冊読めるくらい「ゆるい商売」だった

――閑散としていた時代も震災も経験――

もうひとり、ワークマンでのキャリアが長い店長を紹介しておきたい。

福島県のワークマンプラス小名浜《おなはま》店の鈴木《すずき》慎也《しんや》さん（41歳）だ。東北地域の店舗という点では瀬川さんと重なるので、やはり東日本大震災も経験している。

鈴木さんは、高校卒業後にワークマンの加盟店でアルバイトを始め、その後に自分も加盟している。20年以上前からワークマンを知っているキャリアだ。アルバイトとして鈴木さんが働きだした当時の店舗は、いまとは比べられないほど閑散としていたそうだ。

「最初は父の知り合いがやっていた店舗のアルバイトから始めたんです。仕事を覚えれば任せてもらえたので、その点ではよかったんですけど、いま思えば、それだけゆるい商売だったんですよね（笑）。当時の店長がのんびり新聞を読んでいた姿などが懐かしく思い出されます」

当時のワークマンにもそれなりの知名度はあり、職人さんたちにも利用されていた。それでも客数や売上げはまだ少なく、時間に追われることはほとんどなかった。現在のワークマンでは考えにくい状況だった。

「それが変わったのはやっぱり震災でした。いまのワークマンプラスの忙しさとはまた違いますが、それまでとは別の店のような忙しさになったんです」

鈴木さんが働いていた店舗は、福島第一原発から50キロほどしか離れていなかった。

「店自体の被害は少なかったんですが、インフラが途絶えて水も出ない状況だったんです。それでも開けてほしいというお客さんの要望が強くなってきて、3月の末くらいからは無休で営業するようにしたんです。復興作業の先頭に立っている方々が来店されて、作業服や道具を揃えていかれました。そういう意味ではワークマンもインフラの一部を担っているのかなあ、と思いましたね。店休日にも、職人さんが現場から帰ってくる夕方から夜の8時頃までは開けるようにしました。身近に亡くなった人が多かったこともあり、使命感のようなものはあったし、やってよかったと振り返ることができますね。ワークマンという会社としても、第一原発のほうにまで援助物資を入れるなどしていたし、その頃から僕の意識が変わっていったのかもしれません」

　早い段階からある程度、店を任されるようになっていたことで、販売業の楽しさは感じだしていた。それでも震災まではワークマンが生涯の仕事になるというイメージまではもてずにいたそうだ。

「リーマンショックのときもそうでしたけど、良くない時期も見ていましたからね。店長としての収入もそれほどすごいものではないと感じていたし（笑）、震災で売上げがあがったといっても一過性のものかもしれないと思っていたんです。ＰＢ（プライベートブランド）製品に力を入れるようになったのが震災復興が落ち着いた頃からですよね。そのあたりから自分の中でもワークマンに対するイメージが変わっていった気がします」

　あとにも解説するが、機能性の高いＰＢ商品が一般客のあいだで人気になったことから、ワークマンプラスという新業態の店舗を出店することが決まった。そのブームを受けて、全国の店舗の売上げが急速に伸びていったのは２０１８年の後半からだった。

プロポーズの言葉は「一緒にワークマンをやらないか」

鈴木さんの意識に変化があらわれだした頃、「パートアルバイト独立支援制度」を利用して加盟してはどうかという話になった。

ワークマンの店舗で、1年以上勤務経験のあるパートアルバイトが独立する場合、加盟金が減額され、低金利の融資を受けられる制度だ。この話が鈴木さんに持ちかけられたのが2017年だった。ワークマンプラスはまだ生まれていなかったが、PB商品が人気になりかけていたブーム前夜の時期である。このとき鈴木さんは37歳。ワークマンでのキャリアは20年に近づいていた。

「小名浜店のオーナーが募集されると聞いたときは、立地もいいし、やり方次第でもっとうまくいくんじゃないかと直感しました。本気でやれば食うには困らないかな、と(笑)。それまで自分は、純粋なアルバイトだったわけではなく、店長が運営している会社の社員というかたちだったんですが、そのままずっとやっていくのかという部分で揺れていた頃でもあり、やってみようと決めたんです」

この段階で鈴木さんはワークマンのオペレーションにもかなり詳しくなっていた。自分なりにどれくらいの売上げを見込めるようになるかも計算して、大きな不安をかかえることはなかったという。

また、この頃、鈴木さんには交際している女性がいた。

ワークマンへの参加は夫婦が基本になっているからというわけではないのだが、ここで鈴木さんはもうひとつ大きな人生の決断をしている。

彼女に人生のパートナーになってもらえないだろうか……

いまこそがそれを切り出す機会ではないのか。

融資を受けるかたちで独り立ちするといえば不安になるかもしれないけれど、彼女ならついてきてくれるのではないか……

そう考えて、自分の気持ちを素直に伝えようと決めたのだ。

プロポーズの言葉は迷わなかった。

「一緒にワークマンをやらないか」

他の言葉は思いつかなかった。まっすぐな鈴木さんなので、らしくもない口説き文句を口にしたくはなかったし、駆け引きめいたこともしたくはなかった。

自分の望みをそのままぶつけた。いっさいの脚色がない言葉だからこそ、人生をともに歩んでいきたいという想いが凝縮していた。

「そのときの反応ですか？　……どうなんでしょう（笑）。やっぱり不安はあったみたいですけど、僕のほうで『大丈夫だから』って繰り返しました。それで一緒にやっていく気持ちになってくれたようでしたね。それ以上、僕からはなんとも言えないので……、本人に直接、聞いてもらえますか？」

　照れる鈴木さんは、そのときの相手の女性を呼んでくれた。

「一緒にワークマンをやらないか」という鈴木さんの申し出を受け入れて、鈴木さんと一緒に人生を歩んでいこうと決めた、かおりさんだ。

「正直いえば、やっぱり先の不安はありました。でも、本人のワークマン歴が長くて、仕事や経営に関してはよくわかっているはずなので。それでやっていけるというなら大丈夫なのかな、と信じることができたんです。ワークマンに関しては作業服のイメージしかなかったんですけど、4店舗ほど回って見学させてもらったんです。店内に衣類や工具などいろんなものが置いてあるのを見て、すごく楽しい店だな、と感じました。商品について彼に質問すれば、すべてちゃんと説明してくれたことでも、すごいなあと感心しました。その後、研修などにも一緒に参加しましたが、それもよかった。こんなにしっかりとしたオペレーションのマニュアルがあって、やさしく教えてもらえることに驚いたんです」

　そこから夫婦の二人三脚が始まった。

鈴木さんは言う。

「加盟にあたっては、初心を忘れずマニュアルどおりにやっていきたいと考えました。前にいた店は規模が小さく、商品の配置などもやりにくかったんですが、小名浜店の規模は標準的なものなので、基礎的な部分からしっかりやっていきたかったんです。マイナスからのスタートという意識はありました。前のオーナーさんが最終的にモチベーションが下がってしまっていたようで、スタッフも足りてなかったのか、手が行き届いてないところが多かったんです。それこそ蜘蛛《くも》の巣をとっていくとか、店内をきれいにするところから始めました。在庫管理をきちっとやって、他の競合店に行くようになってしまっていたお客さんに戻ってきてもらえるように取り組んでいきました。良くなるには1年くらいはかかるかなと思ってたんですが、少しずつお客さんは戻ってきてくれましたね。『店が明るくなったね』、『きれいになった』という声をかけてもらえるようになっていったんです。妻にも無理を言って、朝早くから遅くまで掃除などをやってもらいながら、店を基本的な状態に戻すということを徹底しました。とにかく頭が上がりません」

店の周囲の草むしりなどは、いまもかおりさんがよくやっているそうだ。それでもかおりさんがつらそうな顔を見せることはなかった。

鈴木慎也さん、かおりさん

「一日中、建物の中にいるよりいいですからね。太陽の光を浴びながら草むしりをしていると気分もリラックスするし、店の周りをきれいにできるのでよかったですよ」

いつも鈴木さんやお客様に向けられているのだろう素敵な笑顔で振り返ってくれた。

店長になって躍進！　売上2・4倍

加盟2年後の2019年にも転機を迎えた。この年の9月からワークマンプラスに業態転換をしたのである。

「それまでも売上げはそれなりに伸ばしていけてたんですが、そこからは桁《けた》が違う伸び方をしていきました。その頃は、離れていってしまった法人のお客さんを取り戻したいということで外商に出たりもしてたんですが、あまり成果はあげられずにいたんです。しょぼんとして営業から帰ってきたりもしてました（笑）。そういうなかにあってワークマンプラスに転換したことで、新しいお客さんを取り込むことができたんです」

鈴木さんはもともと「セレクトショップなどアパレルの世界に行きたい」と考えていた時期もあったそうだ。そのため、この業態転換はなおさら歓迎だった。ブティックに勤務していたこともあるスタッフも加えて、ディスプレイなどにも力を入れている。

ワークマンに加盟した際に鈴木さんは「お店の価値は、お客さんが店に入って1秒か2秒でわかる」と教えられていたのだという。その言葉を忘れず、その点での意識は高く保ち続けた。店内を清潔に保つことを怠らなかったのはもちろん、マネキンや平台の商品展示にもこだわった。

「ファッション系の店なら入口のショーウィンドウをきれいにしているのは当たり前だし、ショーウィンドウがないワークマンでは最初に目につく平台などは常に乱れがないように陳列しておきたいと考えているんです。僕がいちばん時間を割いているのは売り場の整理や陳列台の手入れです。それと、店内の床に泥の汚れとか足跡がついているようではワークマンプラスじゃないよ、とも思ってしまいますね。最近なら手指の消毒アルコールが垂れた跡が残りやすいので、こまめに拭《ふ》き取るようにも気をつけています。パートさんたちも積極的に協力してくれています」

　そんな鈴木さんのことは、担当SVもこう評している。

「とにかくこの店は清潔で明るいんです。鈴木さんは、当たり前でありながらおろそかになりがちなところを当たり前にできている店長ですね。また、商品の取り方も狙いが絞れていて、攻める姿勢で大量に仕入れる。それをしっかりと売り切ってくれるんです」

　小名浜店の売上げは、鈴木さんが店長になって以来、2・4倍にまで増えている。ワークマンプラス効果だけでそれができたわけではなく、日々の努力の成果だといえる。外回り営業などをしながらも、鈴木さんが店にいる時間は長い。そのため、曜日や時間帯ごとにどんなお客さんが来てどんな商品を買っていくのかといった傾向なども摑《つか》めているそうなのだ。そのうえでデータにもとづいたSVの意見も取り入れている。

「シーズン計画をもって導入した商品が思うように売れていけばやっぱり快感ですね。店内を見歩いているなかで、これだ！　という出会いのある店にしていきたいと思っているんです。マネキンを使ったコーディネートでも、ふだんとはちょっと違ったものを着るおもしろさなんかを提案していきたい気持ちがあります。これまでは商品を揃えることに躍起になっていたので、これからはそういうゆとりのある工夫もしていきたいですね」

忙しいけど、昔に戻りたいとは思わない

好調な一方で鈴木さんはこうも言う。

「この2年はどこまで伸びるかわかんないというくらいの勢いできましたけど、お店や駐車場の広さから考えれば、これ以上、お客様に入ってもらうのは難しくなってきてるんです。日曜の忙しいときなどはお客さんが30人ほどいることもありますが、うちの駐車場は詰めて使っても15台くらいしか入らないいんですね」

現在スタッフは、鈴木さん夫婦も入れて11人。平日などは4、5人で回して、日曜日には8人くらいが出られる態勢にしている。それでも、そろそろ山の頂は見えてきた。

「繁忙期になると朝から晩まで食事も取れず、翻弄《ほんろう》され続けてしまうこともあります。そういうワークマンはこれまで経験したことがなかったので、すごいですよね。震災のあとにしても、夕方5時頃からものすごく忙しくなっても、2時間くらいで引けていくような感じだったんです。それがいまは、一般のお客さんが

多い日中のほうが忙しくなっています。夫婦とパートさんとでゆっくりやっていけるワークマンではなくなってきましたね。僕たちの休みですか？　それは取ってますよ。店休日の前日から店休日にかけて夫婦で温泉に行ったりしていますす。でも、これからはもう少し休みを増やしていきたい気持ちも出てきています」

だからといって昔のワークマンに戻りたいとは思わない。

「昔に戻ってしまうと、みんなの給料が払えなくなってしまいますからね（笑）。いまのスタッフには『いいところに勤められてよかった』と言ってもらえているので、この状態はずっと続けていきたい。昼寝ばかりしちゃうような暇なお店ではなく、適度な緊張感をもってやっていきたいんです」

ワークマン歴が長いため、経営がラクではなかった時代も知っている。もう少しゆとりが欲しいと感じるほど忙しい日々を過ごせていることは、本人にとっては驚きなのかもしれない。ワークマンはそれくらい変わってきている。

そんななかにあり、鈴木さんはこう話す。

「うちのハトコが東京でコンビニをやっているんですけど、話を聞いていると明らかにワークマンのほうがプレッシャーもなく楽しくやっていけてる気がするんです。手堅い商売になっているし、人にも勧められます。本当にいいフランチャイズになりましたよね」

ここで紹介したのは「暇だった時代」、「厳しかった時代」を経験したうえで「いまのブーム」に直面しているふたりの店長だ。それぞれの話を聞いていると、ワークマンの変化の様子がよくわかる。

別の加盟店では「昔は昼間に店番をしていると、毎日、文庫本を1冊読めたんです」と話している店長もいた。その店舗にしても現在は、そんな時代があったことが信じられないような繁盛店になっている。

過去がよかったのか、いまがいいのか……。

それについては店長たちがどう感じているかがすべてになる。我々としては加盟店に負担をかけずに売上げを増やし、店長たちに笑顔でいてもらいたいという考えでここまでやってきたのだし、これからもそこを目指してやっていくほかはない。

また、北上常盤台店で見られた〝親子のあり方〟にも注目したい。

働く親とすれば、子どもにその背中を見せることで何かを教えたいものだが、瀬川店長はその上をいっていた。娘さんが店を手伝ってくれるようになったとき、そのチャレンジ精神に敬意を払って後押しをしたわけだ。瀬川店長としては損失を覚悟したうえで娘さんの成長を導きたかったようだが、結果的にはビジネスとしても成功している。一般客向けのＰＢ商品が全国的に人気になっていった頃にも、北上常盤台店があげた成果は抜群で、岩手県でもナンバーワンの売上げを記録したのだ。それができたのも瀬川店長の前向きな考え方と人柄があってのことだといえる。

ブームを巻き起こした　ワークマンプラス成功の秘密

――ワークマンブームがやってきた！――

ワークマンプラスの１号店は２０１８年９月５日にららぽーと立川立飛《たちかわたちひ》にオープンした。この店舗の成功を受けて、路面店のワークマンプラスをつくっていくことを決めている。通常のワークマンとして開店準備を進めていた路面店の川崎中野島《かわさきなかのしま》店の内装や外装をやり直し、同じ年の11月８日にワークマンプラスの２号店としてオープンしたのだ。

1号店を出店する際には「3年くらいは赤字を覚悟。本当の意味で認知されるには10年かかる」と考えていた。それにもかかわらず、フタを開けてみれば、予想外の結果が出たのである。初年度の売上げ目標をわずか3か月で達成したばかりか、他店舗への波及効果が生まれていった。

既存の路面店にも一般客が押し寄せるようになり、2019年4月から2020年3月までの1年間で既存店売上高が前年比125・7%になっている。年間売上げ1億円の店であれば1億2500万円を超え、年間売上げが8000万円くらいだった店の売上げが1億円に達する計算である。ブームといえるこの人気のため、全国のほぼすべての店舗を優良店といえる売上げにできている。

ららぽーと立川立飛に1号店を出店する際、最初は店名を「WMプラス」にするつもりだった。ワークマンという名前を出すのは一般客にウケないと考えたからだ。だが、この考え方は、ららぽーとを展開している三井不動産の担当者からすぐに否定された。「ワークマンという名前を冠するべきだ」と提言されたのである。

この意見に従ったのが結果的によかった。それによりワークマンプラスで扱う商品が、職人さんたちに愛用されている高品質のものだということが一般客にもわかりやすく伝わったからだ。それと同時にこのブームによってワークマンの名前が売れて、既存店にも一般客を集めることにつながったのである。

近年の好調ぶりにはいろいろな要因があるにしても、全国の店舗の足並みを揃えた快進撃はここから始まったといっていい。

店内に「2つの顔」をつくる

ワークマンプラスの1号店を出店したあと、ワークマンプラスとしての新規開店だけでなく、ワークマンとして営業していた既存店を改装してワークマンプラスに業態転換するケースを増やしていった。

また、ワークマンプラス1号店の出店準備を進めていた頃にはちょうど、別の方面からも既存店の店内レイアウトの見直しが進められていた。そのプロジェクトを担当していたのが前章でも名前を出した営業本部長の平野である。

これらの動きの背景にはPB商品の人気が２０１６年頃から高まってきていたことがある。一般客を意識したアウトドアウェアの「フィールドコア（FieldCore）」、スポーツウェアの「ファインドアウト（Find-Out）」、すぐれた防水性能を誇る「イージス（AEGIS）」がそうだ。

ワークマンプラスはもともと、これらの商品を中心とした一般向きの衣料品を販売していく戦略的な店舗として発案していた。

一方で、既存店でも売り方を変えて、これらの商品をアピールしていきたいという考えがあった。それまでのワークマンは職人さんを対象としたニッチな市場（隙間市場）で勝負をしていたものの、それだけでは限界があるからだ。ＰＢの製品力や訴求力の高さを利用して一般客を呼び込めたならマーケットの幅を拡大できる。

そのためにはどうするのがいいか？

この当時、競合店のなかでは店の中央にカジュアル系の衣類を置くようにするところが出てきていたので、同じようにするのがいいのではないかという声も社内にはあった。だが、平野はその選択はしなかった。

プロ向けはプロ向け、一般向けは一般向けに分けたほうがいいと考え、はっきりと両者を線引きするレイアウトにこだわったのである。

職人さんと一般客では、来店の時間帯も違えば、買い物の目的やスタイルも違う。

職人さんはあらかじめ買いたいものが決まっていて、できるだけ早く買い物を済ませて現場に向かいたいと考えている場合が多い。対して一般客は、店内の商品をあれこれ眺め、最初の目的にはこだわらず、気に入ったものを見つければ購入してくれる。

滞在時間でいえば、職人さんとは比べられないほど一般客は長くなる。プロユーズのコーナーには立ち寄らず、ショッピングセンターでの買い物を楽しむのと同じような感覚を味わおうとする人も多い。こうしたことからいっても、両者のゾーンを分けてつくるようにしたほうがいいと考えたのである。

それでは店内をどう分割するのがいいか？

そこでポイントとなったのが、職人さんたちの習慣だった。既存店では、入口の右側に手袋を置いてあったことから、職人さんたちは店に入れば、ほとんど無意識で右側へ進むようになっていた。その流れに逆らったレイアウトにすれば混乱を招くので、従来のプロ向けの商品を右側に寄せて、レジに近い左側には一般客の需要が大きなPB商品を陳列するようにしたのである。そうすれば、職人さんたちは、店の右側で必要な商品を手にすればまっすぐレジに向かう。一方で、店内の左側を中心に商品を見て回る一般客は、ショッピングセンターのワークマンプラスに行くのと変わらない感覚で買い物を楽しめる。

全国の店舗をこのようなレイアウトに合わせていったことでもワークマンプラスの効果を生かしていくことができたといえる。

このときの見直しの際には、入口前で商品を並べる什器《じゅうき》の高さも下げている。

従来の什器は2メートル以上の高さだったので目隠しになってしまい、店内を見えにくくしていたからだ。

ワークマンにはじめて来店する一般客（とくに女性客）からすれば、中の様子がわからないと入りにくいものなので、外から店内が覗《のぞ》けるようにするのが狙いだった。目的が明確だったので、店の右側と左側では什器の高さも変えている。職人サイドといえる右側の什器は150センチにして、一般客を導きたい左側の什器は135センチにした。そのくらいの高さにすれば、背が高くない女性でも店内が見やすくなるからだ。

商品本部からすれば、できるだけ什器を高くして目玉商品などを店頭に数多く出したいものなので、反対の声はやはりあがった。だが、結果的にはこうした点までを妥協せず変えてしまったことが一般客を増やすことにつながっている。

ほぼすべての店舗が売上げ1億円を超えた

ワークマンプラスの人気によって全国の店舗の売上げが増え、売れる店と売れない店の格差はずいぶん縮まった。

ワークマンの名前がメディアで次々に紹介されていったことで、一般のお客様が既存店にも足を運んでくれるようになり、リピーターになってくれるケースも増えている。

以前は売上げ7000万円の店舗もあれば2億円の店舗もあったのに、現在はほぼすべての店舗の売上げが1億円を超えている。

これまでワークマンの店舗は、直営店は別にしても、すべての店舗に対して正規のフランチャイズ契約を結んでいたわけではなかった。

売上げが低い店舗に関しては、売上げが伸びていくまでは一定額の収入（固定店舗運営料＋歩合）を保証する「業務委託契約（Bタイプ契約）」を勧めるようにしていた。

しかし現在、Bタイプ契約を勧めたい店舗はなくなった。エントリーした本人がBタイプ契約を望んだとしても、「最初からフランチャイズ契約（Aタイプ契約）にすれば収入が大幅に違いますよ」と説明できるだけの状況になっている。

こうした変化を受けて、標準化された店舗において標準化された商品とサービスを提供できるようになってきた。その意味でいえば、ここ数年で、ようやくフランチャイズらしくなってきたという見方もできる。

さかのぼっていえば、ワークマンの最初の店舗は1980年9月30日に群馬県伊勢《いせ》崎《さき》市に「職人の店・ワークマン」としてオープンしていた。群馬県は、ワークマンが属するベイシアグループ（ワークマン、ベイシア、カインズを中核として年商1兆円を超える流通大手）の本拠地である。

この1号店は16坪しかない狭い店舗だった。半年後にオープンした2号店（現在の群馬県みどり市）も狭かったが、82年に埼玉県深谷《ふかや》市にオープンした3号店は40坪にまで広げた。この3号店からフランチャイズ運営にして店舗のマニュアル化、標準化を進めていった歴史がある。「地域密着」を大原則としていたのも当時からのことだ。会社のトップが加盟店を大事に考え、社員が店長たちと仲間のように接していたスタンスもこの頃から変わらない。こうした歩みがあったうえで、ついにフランチャイズとしての標準が定まってきたわけである。

投資効率よりも現場に報いることを優先

既存店をワークマンプラスに変えていく順序としては、売上げ面で苦戦している店舗から優先的に選んでいったというのは「まえがき」でも書いたとおりだ。この点については通常のフランチャイズでは考えにくい選択なのではないかと思う。

一斉に業態を変えるわけではなく、順次、リニューアルオープンを進めていくのであれば、「どの店をリニューアルすれば、より売上げを伸ばせるか」という投資効率を考えるのが普通である。

その点でいえば、全国の店舗のなかでも売上げが平均以上の店を選んだほうがいいのは明らかだった。地域でいえば、地盤ができている関東から始めていくのがいい。しかしワークマンではあえて、売上げが厳しい地方の店舗から業態転換を進めていったのだ。

戦略的なことではなく、ある種の平等主義によるものだったといっていい。

店長が一生懸命やっていても売上げが伸び悩んでいるような店舗を改善したかったという心情的な意味合いが強かったのである。

結果として、最大限の効果が得られたわけではなかったが、一定以上、それも想像以上の成果が出せている。効果がもうひとつだった店舗はあっても、多くの店舗の売上げは大きく伸ばすことができたのだ。売上げを2倍以上にできた店舗も出てきた。

地方の店舗で職人さんの需要が減り続けている店舗は、今後の挽回《ばんかい》が難しくなるので、早めに一般客を増やしておきたかったという考えもあった。その意味でいってもこれをやった意味は大きかった。投資効率ばかりを優先させず、救済を考えて動いたことで加盟店の信頼を得られた部分もあったはずだ。

こうした際に何を優先していくべきかということで社内の意見が割れることはなかった。みんなが同じ方向を見ていて、利益を求めるよりも脱落者をなくそうとするのがワークマンの企業風土だ。

現在もなお、各地の店舗でワークマンプラスへの業態転換を進めている。そうしているなかでは、「忙しくなりすぎてしまった」という声が店長から聞かれるケースも出てきている。想定の範囲を超えた来店者数になることもあるからだ。こうした場合、本部でもできるだけサポートしているが、やはりスタッフを増やすなどしてなんとか対応してもらうことも多々ある。

口ではつらいように話していても、厳しい時期を経験していた店長であれば、その表情は明るい。オーナーである以上、売れないよりは売れたほうがいいのは当然だからだ。

現時点で全国のすべての店長がワークマンプラスへの業態転換を望んでいるのかといえば、決してそういうわけではない。プロ比率が高い売上げ上位店舗に対して「ワークマンプラスに変えてはどうか」と持ちかけてみても、いい反応をもらえないこともある。そういう場合には当然、無理強いはしない。店長が納得したうえで業態転換するのでなければ意味がないからだ。

店長とSVが一緒に成長する

全国の店舗が好調で、扱う商品や客層に変化が出てきたといっても、SV（スーパーバイザー）の役割は本質的に変わっていない。

本部と加盟店をつなぐのがSVである。

全国を北海道・東北、北関東、南関東、甲信越、北陸・中部、東海、近畿、中国・四国、九州・沖縄の9ブロックに分けてそれぞれにブロック長を置き、その配下に地区マネージャーがいてSVがいる。SVはひとり平均8〜10店舗を担当して巡回していく。

従来は、経験と勘からアドバイスすることも多かったのに対し、近年はデータにもとづく最適解を提示しやすくなっている。違いといえばその点くらいである。

人気の商品が売れていくスピードは以前とまったく違ったものになっているので、より迅速で的確な対応が求められるようになってきている。

ただ、そうはいっても、店長とSVが人と人として付き合い、二人三脚でやっていく基本は変わらない。いくら正しいデータを提示していても、人間関係をこじらせてしまえばSV失格といえる。若いSVはデータ偏重になりやすい面もあるので、そのあたりでは注意も必要になる。

本部ならではの情報もあれば現場ならではの情報もあり、どちらの情報も大切なのはもちろんだ。データのように数字で示されるものではなく、お客様の生の声といったアナログな情報にも敏感になっておかなければならない。足繁く店舗に通い、店長との信頼関係を築いていてこそこうした情報も摑めるようになる。

ワークマンでは若手のうちにSVを経験させるケースがほとんどになっている。入社してまず直営店の店長となり、それからSVになるのが多いパターンだ。

若いうちにSVになれば、店長に指導するより店長から習う部分のほうが多くなることもあるが、それはそれでかまわない。少しずつ力をつけていくことで有効なアドバイスができるようになっていく。

データに偏重しすぎるのは問題であっても、うまくデータを活用できたなら、若いSVの言葉も説得力をもってくる。とくに店長が知らないデータをもとに話をしていけば納得してもらいやすくなる。

また、ワークマンプラスが増えたうえに、既存のワークマンでもカジュアルな商品の扱いが増えているので、若いSVのセンスを生かしやすくなっている。マネキンに何をどのように着せるのがいいかといったことなども含めて、「こんな売り方もいいですよ」といった提案ができていく。そういう面での期待も大きい。

「店ではエラーを探せ」

平野営業本部長は若いSVへのアドバイスとして「店長が何を知りたいと思っているのかをよく聞いてきなさい」、「店ではエラーを探すようにするのがいい」という言い方をしているそうだ。

「エラー」とは平野本部長独特の表現であり、埋もれがちな問題点などを指している。店長が見つけているエラーとSVが見つけられるエラーは違うものになりやすい。すべてのエラーを拾い出して解決できたなら、店舗運営は大きく改善されていく。

エラーは、商品の扱いやオペレーション、接客、あるいは感情的な部分での本部とのすれ違いなど、さまざまな部分に出てくることがある。

たとえば、もう売れないのではないか、というような在庫が売り場の目立たないところに溜《た》まっていることもある。店長が意識しているわけではなくても、「できれば見たくない」という心理があるので、いつのまにかそうなっている場合があるのだ。

アナログな例だが、それもわかりやすいエラーのひとつだ。そういうところに気づいて対策を考えるのもSVの役割になる。

データについては「難しいデータを持っていく必要はない」と平野本部長も指導している。データを重んじる人は難解なデータばかりを提示しがちだが、意味があるならどんなに単純なデータでもかまわない。逆にいえば、データとしてどれだけすごいものであっても、見せただけで終わりになるなら意味はない。

〝使えるデータ〟かそうでないかがなにより問われるところだ。

「なるほど、こうすればもっと儲《もう》かりますね」と相手を動かすことができるデータをつくれたならベストといえる。

最近は、データ処理が得意とはいえないタイプの社員であっても、あっと驚くような分析ツールをつくりだすケースもある。

一人ひとりが〝自分に何がやれるか〟を考えていくマインドが根付いてきたからではないかと思う。それだけ会社全体が成長している証《あかし》である。

「俺たちのワークマン」はなくならない

現在、ワークマンは５６７店舗、ワークマンプラスは３５１店舗、#ワークマン女子は8店舗となっている（２０２1年10月時点）。

既存のワークマンはワークマンプラスへの業態転換を進め、ワークマンプラス、#ワークマン女子は新規開店も増やしていく。

それにより10年後には、ワークマンは２００店舗として、ワークマンプラスが９００店舗、#ワークマン女子を４００店舗とすることを目標にしている。

いまは年間40〜50店舗を新規オープンさせているが、これから先も、やみくもに出店数を増やしていくことはない。出店する際にはさまざまな調査を行い、既存店への影響なども考慮する。新店舗をつくることで一時的に既存店の売上げが落ちる場合もあるが、地域的な需要を考えているので、最終的にはマイナスにならないようにしている。

新業態としてこの12月には「ワークマンプロ」がオープンする。東京の板橋前野《いたばしまえの》本通り店がその1号店となる。ワークマンプロで目指しているのは職人さん向けのワークマンの最終形態だ。カジュアルな商品をいっさい置かないわけではなく、お客様の中心に職人さんを考えた店舗にすることを想定している。

これから4業態で展開していくということではなく、３業態で展開していく方針は変わらない。作業客の多いワークマン店舗が改装を考えたとき、ワークマンプラスにできない場合はワークマンプロにすることになる。

お客様の比率としては、ワークマンは、作業客が8割で一般客が2割。

ワークマンプラスは、作業客が6割で一般客が4割。

#ワークマン女子は一般客のみ（女性客が6割、男性客が4割）を目安としている。

#ワークマン女子を増やしていくことを計画しているというと、アパレルへの移行を考えているのではないかと思われるかもしれないが、まったくの誤解だ。

現在、ワークマンやワークマンプラスでは駐車場がいっぱいになっていて、職人さんが買い物をしようとしても車が停められないケースが出てきている。そのため、一般客にはできるだけ#ワークマン女子を利用するようにしてほしいと考えている。わかりやすくいえば〝一般客を広い駐車場がある#ワークマン女子に誘導したい〟という発想である。

職人さんと一般客で店内の滞在時間、駐車場の利用時間を比べると、一般客のほうが滞在時間が長く、駐車場の利用時間は約3倍にもなる。一般客が増えていけば、職人さんが買い物をできなくなるので、それを避けたいわけである。

職人さんの場合、たとえば安全靴がダメになったときにはすぐに新しい安全靴を買わなければ仕事にならない。それができない事態をふせぐためにも常に駐車場に空きスペースをつくっておきたいのである。

駐車場問題を放置しておくと、店舗の評判は悪化しやすい。違法駐車が増えれば問題なのはもちろん、駐車場に空きがないので店に入れなかったという経験をしたお客様は、二度と店に来てくれなくなることも考えられる。そういう事態は絶対に避けたい。一年中、コンスタントに来店を続けてくれる職人さんは顧客として大切な存在だからだ。

プロ需要が多い繁盛店の近くに、広い駐車場を設けた#ワークマン女子をつくるようにすれば、職人さんと一般客を分けられる。既存の加盟店のお客様を奪いたいわけではなく、加盟店にとってもっとも重要なお客様である職人さんに店の利用を続けてもらうためにこうした策をとっているのである。

ワークマンの店長とすれば、一般客が増えすぎないほうがオペレーションはしやすい。たとえば、土日になると一般客が急に増えるような店舗は、パートさんを大幅に増やしておく必要がある。土日だけ勤務してもらうわけにはいかず、平日にも出てもらうようにすれば、それだけ人件費もかかってくる。平準化できればこうした問題がなくなるわけだ。こうしたことまでを考えて#ワークマン女子の出店を増やしていく計画をしている。目指しているのは、加盟店との良好な関係を築いたうえでの100年の競争優位である。

結実してきたホワイトフランチャイズ

知名度をあげることが客数を増やすことにつながるのは当然である。テレビで商品などが紹介されれば、来店客数や売上げは跳ね上がる。

一方でSNSが生み出す効果も、我々の想像を超えたものになっている。メディアへの露出を増やす戦略を練るのは本部の役割であるが、SNSをいかに利用するかという点では加盟店に助けられている面もある。SNSの運用についてはまだルールづくりができていないため推奨はしていないが、自主的にやっている店舗が出ている。そういうSNSは、お客様にとっては身近なものとなり、効果をあげやすいようだ。

また、人気や知名度だけでなく、重要なのが在庫管理だ。

「適正在庫」が守られているかどうかは、店舗の利益を大きく左右する。

この2年ほど、来店者数や売上げを大きく伸ばせてきているなかにあっても、在庫を持ちすぎた店舗は思うような利益をあげられていないのがわかっている。

ワークマンの加盟店になっている以上は、店長たちにはできるだけ収入を増やしてもらいたい。そのためにも我々は自動発注システムの精度を高めていくなど、やれることを順次進めている。

一朝一夕でホワイトフランチャイズは成り立たない。さまざまな想いと仕掛けが結実していき、はじめて形が見えてくるのがホワイトフランチャイズである。

第3章

時間とお金の実際

初期費用に200万円、年収は1600万円

コンビニより加盟しやすい設定

加盟店になるにはどのくらいの資金が必要となり、その後はどのくらいの収入を得られるものなのか？

実際に加盟店にエントリーしようかと悩んでいる人はもちろん、そうではなくても経営に興味がある人には気になるはずの部分について解説しておきたい。

パンフレット的な内容にはならないようにしたいところだが、現実にオブラートをかけないためにも数字が並んでしまうのはご容赦いただきたい。

フランチャイズ契約（Aタイプ3年契約）で最初に必要になるのは、支援制度などを適用していない基本設定として、「加盟金」の37・5万円（税込41・25万円）、「開店手数料」の50万円（税込55万円）、「研修費」の25万円（税込27・5万円）。

ここに契約満了時に返還される「保証金」の100万円を入れて合計212・5万

円（税込223・75万円）となる。

一部のコンビニチェーンでは加盟金が引き下げられて、100万円から200万円ほどの資金で加盟できるようにもなっているが、その後にかかるコストなどを考えるなら、ワークマンの初期資金は決して高くはないはずだ。

応募してきた人たちに聞くと、「コンビニなどに比べて初期資金が少なく済むのでワークマンを選んだ」、「他のフランチャイズはあまり検討しなかった」という人も多い。

新規加盟した場合、収入のない最初の1か月の生活費なども含めれば300万円から350万円ほどのお金を用意しておくべきだと考えておいてほしい。

それまでにも仕事をしていた40代、50代の人なら難しい金額ではないかもしれないが、20代、30代の人なら簡単に用意できる額だとはいいにくい。そこで、2020年3月からは、若い人でも加盟しやすくするために「ヤング加盟店支援制度」を導入している。

この制度は、加盟時点で40歳未満の人を対象としたものだ。加盟金、開店手数料、研修費については低金利での融資を受けられるようにしている。この融資を利用した場合には、自分で用意する必要があるのは保証金の100万円のみとなる。制度の導入以来1年間で16件の利用があったのだから、いかにニーズが大きかったかがわかる。

この制度は、加盟店推進部の部長である八田博史の提案からつくられたものだ。沖縄県の若い夫婦が資金づくりに困っているのを見て制度の必要性を感じたというから、いかにも人情派の八田部長らしい。

また、それより早く2018年11月からは「オープンスタート支援制度」も導入している。既存店の引き継ぎではなく、新規オープンの店舗に加盟した場合、必要となる経費から50万円が減額されるというものだ。この制度が適用された場合は、最初に必要となる額は保証金を入れて162・5万円（税込178・75万円）になる。加盟店になろうとする場合、新規オープンの店舗を選びたがるのではないかと思われるかもしれないが、既存店のほうが売上げ額が見込みやすいメリットがある。その安心感が意外と大きい。

以前のワークマンでは、新店の開店時には直営として運営し、軌道にのってから加盟店にしていく方法をとる場合が多かった。しかし、それでは新店を出すたび直営店が増えていくので、立ち上げと同時に加盟店にするケースを増やしたかった。そういう事情もあって導入された制度である。

もっとも、最近の新店は最初から売上げが高く、大きな収入も見込めるため、開店時から加盟するメリットは十分あるといえる。

オープンスタート支援制度はヤング加盟店支援制度との併用もできる。その場合、融資を受ける額はさらに少なくて済む。

これらの制度ができたことによって、ずいぶん加盟はしやすくなったはずだ。

9日間で店長になれるサポート体制

店長になる前には必ず研修を受けてもらう。

まずは本部で3日間の座学を受講して、基礎的な部分を学ぶことから始める。そのうえで6日間の店舗研修を行う。短い期間ではあるが、教育部のトレーナーがつくのでおよそのノウハウは身につけられる。

どの店舗で研修を行うかはケースバイケースになる。たとえば、父親がやっていた店を継ぐかたちで店長になるのが決まっているなら、あえて別の店舗で研修を行うようにするのが通例だ。

一方、直営店として運営している店舗の店長になることが決まっているなら（店長が替わる際には一時的に直営店にしている場合もある）、実際に店長になるその店で研修を行うケースも多い。パートさんたちと顔をつなぐなど、店を引き継ぐ際の戸惑いを小さくできるからだ（パートさんの雇用を継続するかは自分の意思と相手の意思で決めることになる）。

研修が終わって店長になれば〝その瞬間からすべてを自分ひとりでやっていかなければならないのか〟という不安を持つ人もいるかもしれない。その点で心配しすぎる必要はない。最初のうちはSVがなるべく店を訪れるようにするなど、本部でも、できるだけのフォローをしていく。

収入は売上げの約1割

なによりも気になるのは収入と支出に関する点だろう。

わかりやすい目安でいえば、売上げの1割程度がオーナーの収入となる。

平均の年間売上げである1億6000万円であればおよそ1600万円の年収になるということだ。

経費や店舗スタッフへの賃金を差し引いたあとの収入と考えてもらっていい。

ただし、人件費にどれくらい出すかといった部分などでは差が出てくるので、1割程度が収入というのはあくまでおよその目安に過ぎない。

説明的な解説にならざるを得ないが、内訳についても簡単に記しておきたい。

ワークマンでは荒利分配方式をとっているので、売上げ額には関係なく、月々の荒利益額を一定比率で分け合うことになる。

加盟店が40％、本部が60％だ。

ひと月の売上げが１５００万円だったとすれば、平均荒利率＝36％から計算して荒利益額は５４０万円となる。

このうち40％の２１６万円が加盟店、60％の３２４万円が本部と分けられる。

この２１６万円から月々の経費である約29万円（内訳は営業経費の約22万円、棚卸ロス預託金2万円、在庫金利負担の約5万円）を引いた約１８７万円が分配金となる。

地代家賃や宣伝広告費、物流費などはすべて本部が全額負担している。

営業経費の約22万円とは、水道光熱費やビル管理費などの合計額だ。

棚卸ロス預託金とは、年2回の棚卸によって精算することになるロス金額を見越して、あらかじめ積み立てておくお金である。年間ロスは平均で15万〜20万円ほど。月2万円×11回で22万円が積み立てられているので、それよりロスが小さければ差額は返金され、ロスが大きければ差額が請求される。

また、「店内在庫」はすべて店長が買い取り、契約を終えるときには逆にワークマンが買い取る方式をとっている。

在庫の原価は２２４０万円ほどになるので、加盟時に一括でこの金額を払える人はあまりいない。そこで本部から買取り金を借り受け、毎月、利子（年間２・５％の金利）を支払っていくことになる。これが在庫金利負担の５万円である。

金利を払っているだけでは借入金は減らせないので、毎月の分配金から10％返済していくのが基本となる（一括返済なども可能）。分配金から10％を返済していく場合、１５００万円を売上げて分配金が１８７万円になったときには18・７万円を在庫の返済金に充て（返済が済めばなくなる）、１６８・３万円が口座に振り込まれることになる。

人件費にどれだけ充てるかは店長の考え方次第だ。シミュレーションとしては、本部で推奨している売上げの４・５％（一般的に３・５〜４・５％が多い）を人件費に充てるとして、１５００万円×０・０４５で67・５万円。これを振り込まれた額から引けば、１００・８万円となる。

このシミュレーションでいけば、月の売上げが平均１５００万円で年間売上げが１億８０００万円の店舗であれば、店長が手にできるのは月に約１００万円で、年間で約１２００万円になる。

1か月の収入シミュレーション

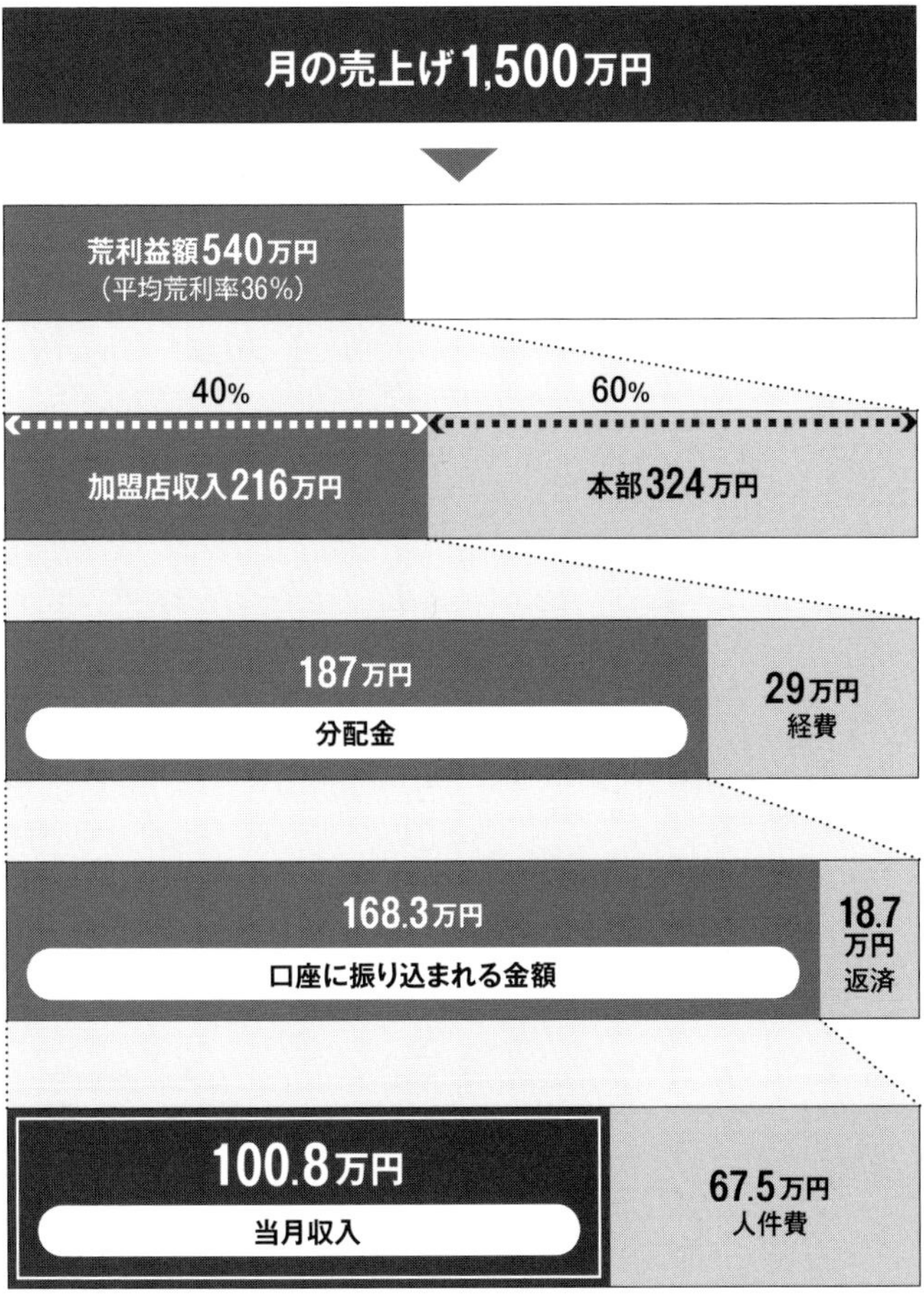

※数値はワークマンプラス新店の全国平均を使用した試算。ほかに褒賞金がある。

売上げの1割には満たないが、契約満了時に戻ってくることになる店内在庫の買取り金を引いての数字である。これらのお金は収入から支払っていくものだと考えるなら、収入はおよそ1500万円ということになる。

この金額にさらに付け加えられる収入がある。

次に説明する褒賞金だ。

褒賞金だけで400万円を得ることも

「褒賞金制度」が充実しているのがワークマンの特徴といえる。

年間売上げが1億5000万円以上の店舗は「サクセス倶楽部」として年間20万~50万円、前年比で売上げが101%以上になれば「ステップ・アップ賞」として3万~150万円の褒賞金が設定されている。2019年下半期や2020年上半期などは全国の店舗の売上げが一斉に伸びたので、半期ごとに約5億円ものステップ・アップ賞が計上された。会社としてもその額には驚かされたほどだ。

この他にもさまざまなコンクールなどが用意されている。

より良いサービスを心がけてもらうための表彰が「顧客満足度（CS）向上」や「B

SO（ベストストア・オペレーション）」などだ。現在は行っていないが、2020年にはコロナ対策をしっかりしていた店舗に褒賞金を出したようにイレギュラーに設定される表彰もある。褒賞金の出る表彰はどんどん増えているといっていい。

これらの褒賞金は店長たちのモチベーションを高める役割も果たしている。賞金が得られるだけでなく、直接、社長から表彰される場を設けるようにもしている。現在は新型コロナウイルス感染対策として行っていないが、表彰の場に立つことを目標にしている店長も少なくなかったようだ。

売上げが前年比101％以上になっただけでも褒賞金が出るようにハードルは低めに設定されている（上昇率などによって褒賞金の額は変わってくる）。

〝できるだけ褒賞金を取ってもらいたい〟というのが会社側の考えだ。褒賞金制度は、店長たちの努力に報いるためのものであり、「加点主義」になっている。

こうした制度があるのもベイシアグループの企業文化といえる。加盟店を対象としたものに限らず、本部の社員とパートさんへの利益還元制度もあるくらいだ。

全国926店舗のほぼ全店がなんらかの褒賞金を得ており、その平均額は年間で約170万円となっている。褒賞金だけで405万円を得た人もいる。

見込み額にはなるものの、この170万円を年収に加えて考えることもできる。

八田部長などは「自分の会社ながらフランチャイズ加盟店にはとにかくやさしい会社だと思うので、いい点については世間にもっと知ってもらいたい」とも話しているほどだ。

※この章で挙げている各種金額は2022年1月1日時点のもの。初期費用などについては2022年1月1日以降の加盟に対する条件であり、将来的な変更はあり得る。

店長たちの就労時間と収入の現実

規定的な面から見た働き方や開店までの歩み、初期資金や収入について解説してきた。売上げが増えるにつれて加盟店の取り分比率が下がっていくチェーン店もあるようだが、ワークマンではいっさいそんなことはない。売上げが増えれば完全比例して収入につながるようにしていて、できるだけ収入を増やしてほしいと望んでいる。

実際に店長たちは、どのように開店を迎えて、どのような働き方をしているのか?

人件費についてはどのように考え、自分はどのくらいの収入を得ているのか？
ここではその様子を覗《のぞ》いていきたい。

全国屈指の繁盛店でも、週に一度ゴルフができる生活

――「ワークマンはいいぞ」――

東京都のワークマン足立尾久橋《あだちおぐばし》通り店は、全国売上げ1位になったこともある繁盛店だ。

店長の武藤等《むとうひとし》さん（59歳）はもともと大手ドラッグストアの社員であり、脱サラして2012年にワークマンに加盟した。50歳を前にした決断だった。

武藤さんは振り返る。

「ドラッグストアの社員だったといっても店舗に出ていたのは若い頃で、その時代はドラッグストアではなく、食品などを扱っている店だったんです。店舗に出ていたの

は8年ほどで、その後はずっと本社勤めになっていました。そういうなかで、同僚が会社を辞めてワークマンの店長をやるようになっていたので、どんな感じなの？　と聞いたら、『ワークマンはいいぞ。めちゃめちゃ忙しいわけでもないし、商品も生モノじゃないから腐らない』と言われたんです。その後も定期的に『お前もやれよ！』みたいな感じで声をかけられていたんですよ。正直にいえば、その友人はものごとを長く続けられるタイプじゃなかったので、あいつがやれるなら大丈夫かなと思うようにもなっていたんです（笑）」

会社には30年、勤務していた。定年までは10年ほどあったが、武藤さんはもともと、サラリーマンは50歳までと考えているところがあったのだという。

「当時の定年は60歳でしたけど、60歳で退職したあとに何ができるかと考えれば、なかなか難しいし、その先の人生も長いですからね。だったら、まだ体力がある50歳くらいで何かの商売を始めるのもいいんじゃないかと考えたんです。だから、友人の話には最初から興味があったんですよ。なかなかタイミングが合わなかったんですけど、話を聞いた1年後くらいの募集を見てエントリーしました」

そのときには3店舗で経営者が募集されていたので、自宅から近い店舗を選んでエントリーした。それが足立尾久橋通り店だった。新規オープンの店舗だという点にも魅力を感じていた。エントリー前には、お弁当屋さんやコンビニなど、他のフランチャイズチェーンについてもある程度は調べていたという。

「食品を扱うのは難しい気がしたし、初期資金に1000万円くらいかかるところもあって、それだけの額は厳しいなと感じてたんです。その点、ワークマンの必要資金は当座の生活費を含めて350万円くらいだったので、それくらいならなんとかなるなというのがありました。それでもやっぱり、不安をかかえることにはなるだろうと思ってたんですが、いざ動き出してみると、そうでもなかった。友人が先にやっていた安心感もあったからなんでしょうけどね」

"オーナー"という意識はもたないようにした

エントリーからオープンまでは約半年。

面接などの審査があり、その後に研修を受けてオープンを迎えた。当時の武藤さんとしては、自分が個人事業主になるという意識は薄かったそうだ。

「前の会社を辞めてワークマンという会社に転職したみたいな感覚がありましたね。それに、それくらいワークマンはフレンドリーで、安心感を与えてくれていたんです。それに、オーナー（店長）になるからといって、変に自分を出そうとするよりはサラリーマン感覚でいたほうがいいのかな、とも思っていました。オーナーという意識が強すぎると、ちょっと勘違いしちゃう部分も出てきそうじゃないですか？　従業員に対してもそういう部分が出るかもしれないし、そうなれば、人としてどうなの、みたいな（笑）。最初からサラリーマン的に考えていたほうが皆さんと和気あいあい、うまくやっていけるんじゃないのかな、という気がしていたし、実際にそんなふうにやってこられたんじゃないかと思います」

本部のノウハウを吸収し、みるみる繁盛店に

若い頃に店長経験はあったといっても、業種がまったく違うので、その意味での戸惑いはあった。

「店を始めたばかりの頃はわかんないことが多くて、必死でしたよ。最初は店内に10人くらいお客さんがいると、今日はすごい混んでるな、と感じていたくらいでした。あんまりお客さんが多いと、対応できずにお客さんに迷惑をかけていたかもしれないので、ちょうどいいくらいだったのかもしれませんけどね。当時、従業員は1名だけ

いて、私と妻との3人でやっていました。週末なんかは10人以上のお客さんが入っていたんで、大変だったという記憶しかありません。前の会社はデスクワーク中心で一日立っているようなことはなかったので、最初の2、3か月間はやっぱり体がきつかったです。でも、それも徐々に慣れてきたので、あのままデスクワークを続けているよりは健康的でよかったと思っています。前の会社で店舗に出ていたときは、店長としてバランス良くスタッフとのコミュニケーションを取っていくような役割だったのに、ワークマンでは自分自身が足を使う戦力として誰より動き回るようになっています（笑）」

売上げの伸びは順調で、数年のうちに繁盛店と呼ばれるようになった。

「何もかもが手探り状態だったのに、開店当初から本部の人がフォローしてくれたので、それにはとにかく助けられましたね」

店舗の商品展示はどうすればいいのか。どのサイズがよく売れてどのくらいの在庫を取っておくのがいいか。どのタイミングで商品を切り替えればいいのか……。

こうした部分に関しては、経験とデータなどから徐々に学んでいくしかない。武藤さんは謙虚な姿勢でSVの言葉に耳を傾けて、必要なことを吸収していった。

「いろんな情報を持っているSVがいてこそなんとかなる部分は大きいので、新しくオーナーになった人は、どんどん頼るべきだと思いますね。私の息子も8年ほど遅れてワークマンに加盟したんですが（この息子さんにもこの後に登場してもらうが、武藤さんのあとを継いだわけではなく、別の店舗にエントリーして店長になった例だ）、『ＳＶさんの話をしっかりと聞いて、やっていくのがいいぞ』と言い聞かせています。息子も会社員だったのにワークマンをやろうと考えたのは、私の暮らしぶりを見ていてうらやましく感じたからのようでした（笑）」

できる範囲でお客さんには応える

武藤さん自身は、店長として「特別なことはやっていない」と話しているが、何もしないでいてはトップクラスの繁盛店にまではなかなかなれない。とはいえ、武藤さんがやったのは、特別なことではなく地道な努力だ。

商品管理をしっかりとして品切れを出さないようにするのが基本といえる。他では、法人などから注文を受ければできるだけ早く商品を揃えて、相手の会社まで届けるようにした。顧客ごとにこれまでの注文などをファイルにまとめて整理していて、得意先は現在、１５０社ほどになっている。

フランチャイズという店舗営業がすべてという印象が強いかもしれないが、ワークマンでは、こうした外回り営業をしているオーナーも少なくない。本部としても「営業活動・顧客開拓」を行うことは店長の役割として規定している。ただし、外回り営業などにどこまで力を入れるかは本人の考え方次第になってくる。

足立尾久橋通り店の隣りには広い駐車場付きのコンビニがある。朝早くに職人さんたちがそこで集まり、朝食をとったりしたあと、すぐ傍にあるインターから首都高速に入って仕事に出かけていく場合が多くなっている。そのため、出発前に軍手や工具、安全靴などを買っておきたいと考える人たちも出てきた。開店前の入口ドアを叩《たた》く人たちも現れたが、それが6時台のことだった。ワークマンの開店時間は朝7時なのだが……。

「でもね、入口ドアを叩いて、『開けて』って手を合わせているお客さんの姿を見れば、ダメとは言えないんですよ」

そう笑う武藤さんは、6時半頃に店を開けるようにした。看板に書かれている開店時間は7時のままであり、正規の開店時間まではパートや従業員に頼らないようにしている。武藤さんの人柄がなせるわざだ。

老後の経済的な心配はない

売上げが伸びていけば、オーナーの収入も増えていく。ワークマンではロイヤリティは一定比率で、およその目安として売上げの約1割がオーナーの収入（平均的な人件費などを差し引いたもの）になるというのはすでに解説したとおりだ。

どのくらい人件費にかけるかといったことは店長の考え方次第なので、それによっても収入は増減する。それでも優良店のオーナーであればそれなりの収入になる。

褒賞金制度に関してもすでに解説している。武藤さんは「あと5％、売上げを伸ばせばこのランクに行ける」などといった目標を立てながらやってきているという。

たとえば前年より売上げが伸びればステップ・アップ賞が出る。褒賞金の額は、売上げと伸び率に応じて変わってくる（売上げ1億円台で前年比101％達成なら5万円、売上げ2億円以上で前年比120％達成なら150万円などと規定されている）。

また、年間売上げが1億5000万円以上あればサクセス倶楽部となり（2年前までは1億円以上という規定だった）、やはり売上げに応じて褒賞金が出る。

こうした褒賞金を毎年のように得てきたわけだ。

勤務時間や休日の取り方についても本人次第だ。

武藤さんはこう話す。

「店休日は年間22日（本部指定）ありますけど、うちはできるだけ店を休まないようにしています。そのほうがお客さんには喜ばれるし、スタッフの収入になるからですね。そういう点も含めて、スタッフには無理をお願いしているのではなく、いい関係ができているんだと思います。人件費を削る意識が強すぎると全体的に萎縮《いしゅく》してしまいそうなので、最初から店の運営を優先してスタッフは増やしていきました。個人的な感覚としては、それが正解だったのではないかと思っています」

武藤さん自身が6時半からお客さんの相手をしているというのはいかにも早い。それについてはどうなのだろうか？

「でもね、ワークマンの場合は、閉店が夜8時ですから、そんなに遅くないじゃないですか。閉店までいたとしても、入口ドアを閉めればすぐに帰れるのはいいですよ。朝はたしかに早いですけど……。私は放っておいても4時くらいに目が覚めちゃうので、5時半前後に店に入るんです。それはもう習慣と性分の問題ですから。コンビニのように24時間営業で、365日、店のことを気にしていなければならないわけではないので、つらいという感覚はないんです。平日は午前中だけ店にいて、昼頃にあがるときもあります。どれだけ働くか、休むかはあくまでオーナーの判断と段取り次第なので、たとえもっと休みたいというオーナーの声があったとしても、ワークマンの責任ではないですね（笑）」

一日を通して店に出ているときには昼食をパンくらいで済ませる場合も多いという。動いていないと気がすまない性格の武藤さんにとってはそれも苦ではないそうだ。

「根が食いしん坊なので、ゆっくり休憩をとって毎日食べすぎるよりはいいと思ってるんです。いまは毎週水曜日を自分の休みにして、その日は妻に出てもらっています（奥さんの出勤は水曜と週末の週3日ほど）。休みの日にはゴルフをしています。週に一度、ゴルフができる生活って普通はなかなか難しいじゃないですか。私はそれができてるんですから、いいですよ。取材に来るような人に対しても、いまの仕事を辞めてワークマンにエントリーしたらどうですか、と勧めることもあるくらいなんです（笑）」

以前にいた会社を辞めてワークマンに加盟したことは「いい選択でした」と振り返る。

「あのまま会社に定年まで勤めていれば、その先どうするかと悩んだんでしょうけど、ワークマンのフランチャイズ契約は70歳未満定年制なので、老後の経済面を心配しないで済むのもいいですね」

すでに一度、再契約している武藤さんの次の再契約は62歳のときになる。そこでもまた再契約する意思があるようだ。

「老兵は死なず、ですからね（笑）」

結婚、妻の妊娠、住宅ローン……会社より独立を選んだ結果

――会社に勤めあげるビジョンは描けなかった――

武藤等店長の長男が武藤達也《たつや》さん（34歳）だ。達也さんは大学卒業後、流通の仕事をしていた。スーパーに6年いたあと、転職して卸売業者に6年勤めた。だが、父親の背中を見ていたことも大きかったのか、その後、父親とは別の店舗にエントリーした。2020年12月の加盟で、千葉にあるワークマンプラス松戸栄町《まつどさかえちょう》店の店長になったのだ。店長としてのキャリアは、今回、話を聞いた時点でまだ半年というフレッシュな存在だ。

達也さんはこう話す。

「父がワークマンを始めたのは僕が大学4年生の頃で、自分はもう就職が決まってい

たんです。父についていては、思いきったことをしたな、と感じましたけど、僕がもう大学を卒業するということで安心感があったのかもしれませんね。僕はスーパーでバイヤーをやっているうちに市場関係の人から声をかけてもらって転職し、販売営業みたいな仕事をやるようになっていたんです。父の店には市場でもらった魚を届けに行ったり、自分が使う長靴を買ったりしていたので、もとから出入りはしてました」

そのうち将来的には父親の店を継ぐのもいいかな、という気持ちが芽生えてきたのだそうだ。最初は漠然とした考えに過ぎなかったが、父親の店を継がないにしても、いつか独立したいという方向に気持ちが傾いていった。

「30歳を超えて結婚して……となっていったとき、このまま会社に勤めていても将来的なビジョンが描けないなという気になってきたんです。会社に不満があったわけではないんですけどね。父が加盟に踏みきったのは50歳でしたけど、僕の中ではそれより早く、もっと若いうちにいろんな挑戦をしたいっていうのがあったんです」

「安定を選べ」とさんざん言われたけれど

独り立ちをするという発想をもってからは、コンビニなど他のフランチャイズチェーンも含めてシステムや評判などを調べていった。

「それまではずっと食品に携わっていたので、まったく違う分野でやっていくのもおもしろそうだなと思うようになったんです。口コミ掲示板などもずいぶん見ましたけど、ワークマンだけ不満の声がほとんどなかったんです。唯一の不満が『休みが少ない』ということだったんですよ。でも、自営でやるならどこでもそうだろうし、休みが少ないのが嫌だという人はサラリーマンでいればいいのにって思ったんです」

調べているうちに、父親とは別のワークマンの店舗にエントリーするのがいいのではないかという気持ちが強くなっていった。自分がイチから始めてオーナーになっている状況を想像すると、ワクワクもしたという。

「会社の営業として数字に追われているのではなく、オーナーとしてやっていくなら、いいことも悪いこともすべて自分に跳ね返ってくる。その部分をマイナスに考えることはなく、好奇心が刺激されたんです。その頃、妻のお腹に子どもがいたこともあって、周りの人間からは『安定を選べ！』と、さんざん言われました。でも、40歳、50歳になってからまた考えるより、自分の中では〝いまなんだ!!〟という気持ちが強くなっていたんです。妻には反対されるかと思ったんですが、意外にも最初から賛成してくれました。結婚前から父の店を見ていたので、それがよかったのかもしれません」

この頃にはマイホームも購入していた。その新居から近い松戸栄町店の経営者が募集されていたのを知り、絶好の機会だと考えてエントリーした。

「ワークマンは夫婦での参加が基本条件になっていますが、妻が妊娠していたということでは審査段階から気をつかっていただきました。面接は私だけでよく、妻は研修も受けないでいいことにしてもらえたんです」

審査段階では会社は辞めずにいたが（サラリーマンの人などは審査に通ってから退職を申し出るケースがほとんどだ）、結果を待つあいだは胃が痛い日々が続いた。

「何人、エントリーしていたかは正確にはわからなかったんですけど、20人くらい応募者がいたようにも聞いていたので、とにかく不安でしたね。そこで審査が通らないようなら、将来的にあらためて父の店にエントリーしたとしても認められないんじゃないかと考えたりもして……。決まるまではずっとモヤモヤしてました」

結果的に達也さんは審査に通った。〝脱サラの先輩〟でもある父親の武藤等さんは、達也さんが自分の店を継ぎたい気持ちになりかけていたときにはいい顔を見せなかったものの、別の店舗にエントリーすることには反対しなかった。達也さんが真剣に考えて選択したことだと察したからだろう。

先にワークマンを始めていた自分の選択が正しかったと思っているなら、子どもが同じ道を進もうと決めたことは嬉《うれ》しかったのではないかとも想像される。

店を継がなくても生き方を継げるのがワークマンだとするなら、その事実によってもワークマンを選んだ〝正しさ〟は証明される。

会社員時代と違って、いっさい後悔がない

達也さんの場合、ヤング加盟店支援制度による融資も受けられたが、必要な資金は銀行から借りて、返済先をひとつにまとめた。

「店のお客さんも増えているので、この先の返済についてもそんなに心配はしていません。この店舗はもともと優良店だったのに、１年前、２年前の数字と比較しても、いまもすごく伸びているのがわかるんです」

松戸栄町店は先代オーナーが優秀で、外商活動にも力を入れて市場を開拓していた。そのオーナーは、まだまだ収入を伸ばせていけそうだったなかでプライベートな夢を実現しようと考えて40代で引退している。そのため、いったん直営にしていた店舗だった。その後、２０１９年７月にはワークマンプラスに業態転換。もともと繁盛店だったのに、そこからまた一般のお客様が増えていたのだ。

違う世界から飛び込んできてオーナーになり、苦労した点はあったのだろうか？

「研修を受けたほかにも父の店に入って、レジ打ちに慣れるようにはしていましたが、店長になる段階ではわからないことはまだまだ多かったです。それでも、加盟したその日からは店長になるので、何かあったら自分で対処すべき立場になります。救われたのは前からいたパートさんたちがみんな、継続で残りたいって言ってくれたことなんです。自分がいちばんキャリアのない立場になることでは不安もあったんですけど、皆さん、店のことをよくわかっているのに、いちいち僕を立ててくれる。それは本当にありがたかったですね。本部の人たちにも助けられました。ＳＶやマネージャーが頻繁に店に来てくれて、発注や売り場づくりについて丁寧に指導してくれたんです。すべてのことがパンフレットに書いてあったとおりで、本当にホワイトフランチャイズ。限りなくサラリーマンに近いじゃないですけど、本部の指示のもとで安心してやっていけています。自動発注システムも便利で、ボタンひとつで売れ筋の商品が納入されるようにもなっていて、ワークマンだから最初からここまでスムーズにできるんだなっていうのはすごく感じていました」

それでも達也さんは、自動発注システムに頼りきらないようにしている。

「それだけで済ませるんじゃなく、自分の判断も含めて最善の注文ができるようにも努めています。いま、ワークマンには勢いがあり、お客さんも増えていますが、そういうなかにあって自分ができることは何かといえば、在庫管理をしっかりしながら売り場をメンテナンスして、お客様に最高のパフォーマンスを届けていくことだと思ってるんです」

店がワークマンプラスになっていたメリットも大きかった。その流れに乗るだけではなく、自分なりに方向性も考えているということだ。

「もともと職人さんの多かった店なので、そういうお客さんを大事にしたいという思いは最初から強かったんです。ワークマンプラスになったあと、前にはあった商品がなくなったと言われることもあるので、同じようなことはできるだけ起きないように気をつけています。それに最近は、新規の企業さんからの注文も増えてるんです。うちには刺繍機《ししゅうき》を置いているので（ワークマンからのレンタルで月額使用料は2万1000円）、作業服に社名を入れる刺繍の注文にも時間をかけずに対応できています。そういう面はこれからも大事にしていきたいと思っています」

直営店だった頃に比べて作業服や工具などの店内在庫を増やして、職人さんを困らせないようにも心がけている。そうしたところに達也さんのこだわりが出ている。店長になってから、まだ半年でありながら、迷いをもたず仕事が楽しめているようでもある。

「加盟前のイメージと違った点というのはひとつもないんですよね。前に転職したときは、最初の職場のほうがよかったと思えるところもあって、なんで辞めちゃったんだろうと後悔するときもあったんですけど、今回はそれがまったくないんです。会社から会社への転職ではなく、店長、個人事業主という立場になったことも関係しているのかもしれませんが、前の会社に対する未練みたいなものが出てくることもない。それだけ前の会社がダメだったのかなって考えちゃうこともあるんですけど（笑）、そうではなく、それくらいやりがいがあるということなんです。やることすべて自分の勉強になるし、財産になります。サラリーマンのときはルーティンとして考えてばかりだったのに、いまは毎日、同じということがない。新しい発見ばかりで、楽しくやっていけます」

収入は「予想以上」

現状で収入についてはどう感じているのか？

「収入に関していえば、最初から予想以上でした。12月16日の加盟で、12月31日までの16日分の分配金がまず1月に振り込まれたんですよ。半月分で振り込みがあるということでも驚きましたし、12月は繁忙期なので、額も多かったんです。ただ、1月、2月は閑散期なので、パートさんの人件費などを支払えばラクではないということを実感しました。もちろん、年間で考えれば、そこはカバーしていけるんですけどね。エントリーした際の面談で『この店の売上げはこのくらいで、もしあなたがオーナーになればこのくらいの収入になります』と教えてもらえていたことにも驚いていたんです。だって、その段階ではまだオーナーになれるかどうかはわからないんですから、〝えっ、そこまで教えてくれるの!?〟って。そのときに聞いていた額より多くなっているし、まだまだ売上げのノビシロはありそうだと感じています。やり方次第で収入は大きく変わっていくので、張り合いはありますね。家のローンも返していかなければなりませんから（笑）」

結婚して、家と車を買い、もうすぐ子どもが生まれるというタイミングで会社を辞めてオーナーになった。いっきにそれだけのものを背負うというのはなかなかできないことだ。それでも達也さんは笑って話す。

「なんかすごすぎて、死んじゃうんじゃないかってくらいの流れですよね（笑）。背負うものが大きくなっているのは確かなんですけど、トントンとこられているようにも感じているんです。とにかく結婚からここまでノンストップで来ましたから。どこかで止まったりしないで、この流れのまま突き進みたかったというのが自分の中にはあったんです」

「人間らしい生活になったね」

加盟直前の10月に奥さんは無事、出産している。それから半年ほどは育児に専念していたが、その後、奥さんも店に出始めた。店舗のすぐ傍に保育園があり、昼間はそこにお子さんを預けるようにしている。

「妻は子どもを預けてそのまま店に来るかたちをとるようになりました。保育園には4時まで預けられるので、僕がその時間に仕事をあがって迎えに行くことが多くなっています。そうじゃなくても、土日以外は、一日中、店に出ているのではなく、夕方くらいまでしかいない日が増えていますね。早いときには2時くらいにあがることもあります。パートさんのキャリアも長いので、安心して閉店後の戸締りなどもお任せできるんですよ。休みは基本的に週一日取っています。父と合わせて水曜を休みにしてゴルフに行ったりしています。店を始めた頃は、こんなに早く休みを取れるようになるとは思っていなかった。休みがないのを覚悟してたんですけど、フルで入り続けていたのは加盟してから1か月くらいだけでした。2か月目くらいからは週に一日、休みを取るようにしたんです。市場で働いていたときは月に8日か9日ほど休みがありましたけど、夜の8時に寝たかと思うと12時に起きて、夜明け前から仕事に出かけたりもしていたので、妻には『人間らしい生活になったね』と言われています（笑）」

父親の武藤さんは、時間的にいえば働きすぎの印象を受けたが、達也さんは早い段階からそのあたりの調整がうまくできているようだ。望ましいスタイルといえる。

SVへの信頼感も強い達也さんだが、父親はやはり心強い存在になっている。

「この月にはこういうお客様が来るのでこういう商品を用意しておくといい、といったことなどを細かく教えてくれるんです。それでいて、『お前の店なんだから自分で考えればいい』という言い方をしてくれるので、しっくりくるんですね。いろいろ気にかけて電話してきてくれるのもありがたいんですよ。ただ、その一方でライバル意識もあります。うちも全国的に見れば売れている店なんですけど、それでも全国1位を取った父の店と比べれば、半分程度の売上げしかない。だからこそ、いつか父の店を抜いて全国1位を取りたいと思っているんです。いまはそのための土台づくりのつもりでやっています。今現在でいえば、平日の売上げでは勝負にならなくても、うちは土日の客が多いので、土日だけは数字を接近させられる。だから〝今週こそ勝つぞ!〟と毎週日曜を楽しみにしてるんです。休日は一緒にゴルフをしていても、それ以外の日は同僚でありライバルですね」

初年度収入2000万円も夢じゃない!? ワークマンドリーム

——売上げ1・5億円の優良店舗の店長になれる——

ワークマンには「店長候補(契約)社員」を募集する制度もある。最長2年間、契約社員として直営店などで店舗運営のノウハウを学んだのちに加盟する流れになり、その際には基本的に優良店を引き継ぐことになる。そのため加盟初年度から1000万円以上の年収となる公算も大きい。

2014年に始まったこの制度の一期生3人のうちのひとりが周東慶和《しゅうとうよしかず》さん(45歳)だ。約1年間の研修後、埼玉県のワークマン新座野火止《にいざのびどめ》店の店長になっている。この店舗は当時、約2億円の売上げがあった全国でもトップクラスの優良店だった。

周東さんは振り返る。

「それまでは運送業界に長くいたんですが、管理職になって経営にも興味をもつようになっていたんです。そういうなかでこの募集があるのを知って応募しました」

20代のときにもワークマンの経営に興味をもったことがあったそうだが、そのときは応募にまではいたらなかった。それから10年以上が経ち、まもなく40歳になるというタイミングで決断したわけだ。

「この頃はふたり目の子が生まれたばかりだったんですけど、ワークマンを選んだ不安はなかったですね。ブームの前でも、手堅い商売という印象があったからです。運送業界にいた頃から客の立場でお店は利用していました。不安といえば、審査が通るかということと、それまでとは畑違いの仕事になるのでやっていけるのかということのほうでした。でもまあ、まだ若いから、採ってもらえたならなんとかなるだろうという感覚でしたね」

募集段階では全国各地の直営店舗で経験を積むことになっていたが、周東さんの場合は最初から新座野火止店の研修に入った。

自分でも「家族がいるので、全国というより関東の店舗を回ることになるのではないか」と考えていたそうだ。その予想は当たったどころではなかった。結果的には新座野火止店しか知らないまま店長になっている。

「同期はみんな独身だったので、やっぱり、あっちこっちの店舗に行ってました。いろんなところで仕事ができるということで、うらやましく感じるところもあったんですけど、ずっと同じ店舗になった自分もよかったと思っています。1年間、当時のマネージャーから教えてもらえることになったのもありがたかったですね。そのマネージャーはいま、本部の重要なポジションに就いてるんですが、当時は、こういう人がマネージャーになっている会社ってすごいな、というふうに感じていました。このときの新座野火止店には社員が3人くらいいたので、いろいろな話や意見が聞けて、その点でも勉強になりました」

契約社員から優良店の店長へ

研修期間中は契約社員としての給料制になる。周東さんの場合、「前職に比べれば収入は落ちたけれど、生活には何の問題もない額だった」と話している。

2021年時点のおよその基準でいえば、30代で配偶者がいれば、手当込みで研修期間の年収は550万円ほどになる。

「契約社員でいる期間は最長2年間ということでしたが、1年後に〝加盟してはどうか〟という話になったんです。自分としては、このまま野火止店を引き継げればいいな、とは思っていたんです。自宅から近くて、売上げが高く、パートさんやお客さんとの関係も良くなっていたからです。実際にそうなったんだから嬉しかったですね」

この制度では、どの店舗を引き継ぐかは、本人とも相談のうえ決めることになっている。希望が通ることもあれば、希望に添えないこともあるが、基本的に売上げ1・5億円以上ある優良店のなかから選ばれる。

「同期みんなが集められて、『候補としてはこれらの店舗がありますが、加盟はどうですか』みたいな話があったんです。僕に限らず、みんなが納得のいく店舗の店長になれたように思います」

実をいうと、一期生のうちひとりはワークマン側の判断によって加盟が見送られている。研修期間中の態度に問題があったからだ。店長候補社員になれば、必ず店舗を任されるわけではないということだ。

加盟時に保証金や開店手数料、加盟金が必要となるのは通常どおりだ。ただし、すでに研修を受けているので研修費は免除される。

新規オープン店の場合、夢がある一方、少なからず不安をかかえることになるのに対し、最初から売上げ1・5億円以上の実績がある店舗のオーナーになれるのは大きい。売上げを落とさなければ高収入を見込みやすい。

「自分で決められること」が多いのはいい

年収については店長の考え方によっても左右される部分である。

ワークマンでは店内在庫をオーナーが買い取るシステムを取っているということはすでに解説している。店をやめるときには在庫が買い戻されるので〝積み立て預金〟のようなものだと考えてもいい。平均的な在庫の総額は原価で約2240万円（店舗での販売価格で約3500万円）となる。買取り金を本部から借り入れた場合、金利の支払いは別にして、元本の返済をどうしていくかは本人次第だ。できるだけ早く返済したいと考えるか、ゆっくり返済していこうと考えるか。それによっても月々に手にできる金額は変わってくる。周東さんがどうだったかといえば……。

「僕は買取り金の返済もそれなりの早さで進めていったんです。やめるときには店内在庫を買い戻してくれるので、返済が済んでいれば、まとまった額を受け取れますよね。会社勤めの感覚でいうなら、退職金がわりのようにもなるといえます。僕の場合は銀行に返済していく方法に変えていて、いまもできるだけ早く返せるようにとがんばっています。うちより売上げが低くても、店長の収入が多い店もあるようなので、そのあたりも含めての考え方次第なんでしょうね。人件費もそうです。ある程度、人件費を使っても、いい売り場を維持していきたいという考え方です。そのほうが長い目で見たアベレージは高くなるんじゃないかなと思っているからです。店長ひとりでがんばって、なんでもかんでもやりますってところは実入りがいいかもしれないけど、体を壊してしまうことだってあるかもしれない。そこら辺のバランスを自分で選べるというのはありがたいことだと思っています。僕にしても、今現在でいえば、ちょっと働きすぎになっているところがあるんですよ。うちにいたスタッフが一人、独立して別の店舗に加盟したので、その分を埋めていく必要があるからなんです」

休みをあまり取らず、長時間働きがちな店長もたしかにいる。しかし、そういう店長たちも、自分たちの労働環境がブラックだとは感じていない場合が多いようだと話してみると、周東さんも頷《うなず》いた。

「それはきっとそうでしょうね。サラリーマンの人が、ひとりで店をやれって言われたら、ん？　ってなるでしょうけど。僕たち店長は、何かに縛られているわけではないですから。ちゃんと店を開けてちゃんと閉めて、任せられる人がいたら任せちゃうのもありだし、僕自身、そっちのほうが合ってる気がしています。繁忙期とか勝負時になったら店にカンヅメになって売り場をつくったりすることもあるんですけど、逆に閑散期もあるのでバランスを取りながらやってる感じです」

現在、周東さんは毎週日曜に休みを取るようにしている。野火止店もやはり日曜日に一般客が増えるが、平日に比べて、仕入れの処理などのオペレーションがシンプルになるのでスタッフに任せやすいからだという。

「連休を取りたいと思うなら、その分、人を入れればいいだけですからね。決められていることより、自分で決められることのほうが多いというのはやっぱりいいですよ」

「法人化」するメリット

加盟当時、新座野火止店の売上げは約2億円あった。年収として2000万円に達していたかといえば、「そこまではいかなかった」という。それもやはり人件費や店内在庫の返済金などを多めにとっていたからなのだろう。

はっきりとした数字は口にしにくいとしても、現在の収入はどうなのだろうか？

たとえば同じくらいの年代のサラリーマンと比較するとしたなら……。

「おそらく平均額よりは上だと思います。一概に言いにくいのは、うちの場合は加盟した2年後に法人化したからでもあるんです。法人化する店長も多いようですが、法人化すると、個人の収入にするか、会社に残すようにするかという考え方によってもずいぶん手取り額は違ってきます。僕はどちらかというと会社に残しておきたいタイプなんです。そのかわり、必要な部分は経費から出せるようにしているので、車にかかるお金や携帯電話の料金なんかはそこから出せています」

店舗の運営を法人化するパターンは実際に少なくない。ワークマンとしては、最初から法人として加盟することは認めていないが、加盟後一定の条件を満たしていれば〝ワークマンの専業〟を条件に法人化を認めているのだ。

同期に対しては「仲間意識」しかない

新座野火止店の売上げは、加盟後半年ほどはかなり好調だった。ただし、この地域ではワークマンを2店舗増やしたこともあり、その後はいったん売上げが落ちてしまった。

それでも周東さんは、新規2店舗の店長とも良好な関係を築きながら、売上げを回復している。

「売上げはいま、いいときと同じくらいにまで戻せています。それができたのはブームのおかげだとも思っています。売上げが落ちていた時期はけっこう長かったので、どこまで落ちるかなという不安はありましたけど、その頃に支えてくれていたのは常連さんだったので、常連さんはこれからもずっと大事にしていきたいと思っていますね」

同期の店舗と売上げの比較などはするのだろうか?

「よく話はするんで、だいたいの感じはわかっています。引き継いだ時点ではうちの店の売上げがいちばんよかったんですが、その後、同期のふたりはすごく売上げを伸ばしていって、逆転されました(笑)。ライバル意識ですか? それはまったくないですね。同期に対しては仲間意識しかなくて、何かあったら協力するようにしています。ひとりは僕と同じ年で、ひとりは僕たちより若いですけど、話していると、ふたりとも僕よりずっと優秀だな、と感じますね」

店長候補社員制度はワークマンドリームか？

あらためて店長候補社員制度を振り返ってみてどうか。この制度に応募したことが正解だったと振り返られるだろうか？

「最初から安定した経営ができるというのは大きいですよね。どんな業種であれ、売上げがどうなるかもまったくわからない店をイチから自分でやっていくリスクは大きいし、コロナ禍であればなおさらそうだと思うんです。この制度はもともと〝繁盛店を譲ります〟というニュアンスだったんですから、なかなかない機会だとは思いました」

安心感のある独立というのは、たしかに普通は難しい。店長になったあとにも売上げを伸ばしていければ収入はさらにあがっていくのだからまさに〝ワークマンドリーム〟だ。

周東さんは、この制度に応募して研修を受けていた段階から「自分の選択が正解だという確信があった」とも話している。

「店長候補社員は教育部に配属されるかたちで、教育部の人たちや当時のマネージャーにいろいろ教えてもらって、本当に恵まれていたと思っています。お世話になっているなかで、時間が経てば経つほど確信が強まっていった感じでした。僕を採ってくれた人事部と、育ててくれた教育部、それにマネージャーの平野さん。この人たちには心の底から感謝しています。僕には小売りの経験がなかったのに、イチから基礎を教えてくれたんですからね。1年間ですべては吸収しきれなかったんですけど、すごく勉強になりました」

周東さんがこれほど感謝しているという平野マネージャーとはこれまでにも何度か登場している現在の営業本部長だ。

念のため、平野本部長にも周東さんの言葉を伝えてみたのだが……。

「当時は担当SVとして他の店舗と同じ巡回をしていたので、そこまで言っていただけるとかえって恐縮しちゃいます。当時の周東さんには店長候補社員の一期生としてのプレッシャーがあったと思うんです。自分たち一期生がダメならこの制度自体がダメになってしまうという思いのなかで必死にやられていました。たとえるなら、乾いたスポンジじゃないですけど、いろんなことを吸収する力が強い人だという印象です。人事部が周東さんを採用したのは、そういったところを見抜いていたからだと思います。新しいことに挑戦するとき〝吸収力〟はとても強力な武器になりますから。担当を外れるときに冗談で、『本当に困ったときには、3回まで直接連絡してきてもいいですよ』と言ったのに、一度も連絡してきたことがないんです。周東さんに聞いてみたら『もったいなくて使えない』って言ってましたけど、私は一期生としての誇りがあるんだと思っています」

乾いたスポンジというのはうってつけの表現かもしれない。ワークマンはそういう人材を欲し、そういう人材が夢を摑《つか》みやすくなるシステムを考え続けている。

元同僚である友人に勧められて50歳でワークマンに加盟した武藤等さん。

そんな父親の生活ぶりを見ていたことから別の店舗にエントリーした武藤達也さん。

そして「店長候補社員制度」を使って、売上げ2億円の優良店の店長になり、その後には法人化もしている周東慶和さん。

3人の話はそれぞれ、人件費の使い方などを含めた店舗運営や勤務時間、休日の取り方などに対する考え方が出ているものになったので参考になるところも多いはずだ。

武藤さん親子の店舗などは、どちらも夫婦でうまく店を回せている例だといえる。

ワークマンでは、加盟店のご夫婦の仲がいいほど売上げがあがる傾向が見られる。実績をあげようと協力し合うことで夫婦仲が良くなり、収入も良くなる。

幸せな人生を送るための好循環ができているわけだ。

我々としては加盟してくれた人たちの想いを裏切りたくない気持ちがとにかく強い。

いまのところ、それができているのではないかとも自負しているが、どうだろうか。

お金に関する部分でも、働き方の部分でも、裏表のないフランチャイズ――。

それがワークマンの目指しているところだ。

第４章

災害の
復興者たち

熊本のために奮闘した店長たち被災者でありながら

東日本大震災の際に東北のワークマンでは需要が伸びたという話は第2章でも出ていた。こうした際、店長たちにとっては売上げが伸びることより、厳しい状況下において地域の役に立てることの意味のほうが大きくなるのはもちろんだ。

ワークマンでは「通勤30分圏内」であることをエントリー要件のひとつにしているので、ほとんどの店長はその土地の出身者になっている。それだけに災害などがあったときにはビジネスであることを超えた役割を果たそうとする人が多い。その経験が店長たちの人生観を変えるほどのものになることもある。

2016年に起きた熊本地震の際もそうだった――。

繰り返された震度7
それでも救援物資は届いた

店長になってすぐに遭遇した熊本地震

ワークマン熊本新外《しんほか》店の段浦崇史《だんうらたかし》さん（44歳）は、店長になった直後に熊本地震に遭遇している。それも20年間、勤めていた企業を退職してまもないうちのことだった。

「それまで働いていたのは大きな会社だったんですが、任されている仕事はずっと変わらず、このまま人生が終わってしまっていいのかな、と考えるようになっていたんです。会社を辞めようと決めたあと、タイで飲食店をやっている友人の様子を見に行き、一生懸命な姿を見て勇気づけられました。自分もタイでやっていこうかという考えもあったんですが、嫁や子どもがいるので、日本で何かをやろうと思って帰国して、その後にワークマンに応募したんです」

それが2015年のことだ。当時のワークマンは、これから熊本県へ進出していこうという段階であり、熊本ではその存在があまり知られていなかった。段浦さんも「ワークマンって何?」という状態だったという。それでも、ちょっとした縁があり店舗の様子を見てみたことから「商品が安くて品質が良さそうなので、知名度があがれば売上げもついてくるんじゃないか」と感じたそうだ。その勘を信じてエントリーを決めた。

39歳での決断だった。

このときにはフランチャイズ契約ではないBタイプ契約(業務委託契約)から始めることに決まった。ある程度、売上げが伸びるまでは一定額の収入(固定店舗運営料+歩合)が保証されるタイプの契約である。

新規店舗の立ち上げ時や売上げが低い店舗などにはBタイプ契約が適用されることがある。Bタイプ契約の場合、契約期間は1年。初期費用は開店手数料と研修費に保証金を合わせた150万円で、月間売上げ350万円までは月50万円の固定給となる。売上げが350万円を超えると、歩合が出される仕組みだ。

この契約で段浦さんが熊本新外店の店長になったのが2016年2月だった。熊本地震が起きたのは2か月後の4月14日である。

「地震の前はお客さんが少なくて、本当にこれで大丈夫かな、と思ってたんです。2月、3月はもともと暇な時期になるんですが、一日のお客さんが10人か20人ほどだったんですよ。知名度をあげていくためには1年か2年くらいはかかるのかな、という感覚になっていました。地震があったのはそういう時期のことだったんです。最初の地震が起きたのは仕事を終えたあとのことで、僕はひとりで家にいたんです」

電気も水も寸断されるなか、来てくれた人

午後9時26分、突然襲った地震は震度7だった。

「最初は本当に家が倒れるんじゃないかと思いました。中学生の娘が塾に行っていて、嫁は塾の駐車場で娘を待っていたときだったんです。とにかくふたりのことが心配でしたが、このときは携帯もつながって無事が確認できたので、まず安心しました。家の中の物が倒れたりはしましたが、外に出てみて、家には大きな損壊がなさそうなのがわかりました。自分が住んでいるのは南区なので、益城《ましき》とか東区などに比べればまだ被害は少なかったんです。それでも、辺りの様子を見てみると、潰《つぶ》れている家などもあったので、怖かったですね。両親の無事も確認して、嫁たちが帰ってくるまでは家の中の片付けをしていて、少し落ち着いてから店の確認に行きました」

店までは車で20分ほどの距離だ。本部からは、危険なので店内には入らないように

という連絡が入っていたこともあり、外から見える範囲での状況を報告した。物などは倒れていても建物自体には大きな損壊はなさそうだった。

翌朝、あらためて店内に入ると、商品が散乱していたので、半日ほどかけて片付けた。お客様が来れば対応していた。

日付が変わった深夜1時25分。もう一度、震度7の激震に襲われた。こちらが本震とされており、その後も震度6前後の地震は数度にわたって繰り返されている。

「最初の地震のときは、片付けながら店は開けていましたが、2度目はそうはいかず、2日くらいは閉めることになりました。店を開けていたときには、やっぱり手袋なんかを買いに来る人がいて『ああ、開いていてよかった』みたいな言葉はずいぶんかけてもらいました」

店を開けられなかった2日間は、電気も水もガスも止まっていた。車中生活が続いていて、いつ家の中で眠れる日がくるのかはわからなかった。段浦さんも水を買うためスーパーの列に並んだが、必要なものを買うことはできなかった。

どうしようか……と途方に暮れた。

そんなとき、九州地区のマネージャーから電話が入った。現在は営業企画部と広報部の部長になっている林知幸《はやしともゆき》である。段浦さんがワークマンに応募したときの採用担当でもあったので、すぐに顔が思い浮かんだ。

林部長が待っているという店舗まで急いで行ってみると、水など大量の補給品を運んできてくれていた。

「段浦さん！　とにかく無事でよかった。地震で大丈夫かなと思って、水や食料なんかを運んできましたよ」

最初の地震から片時も気をゆるめられずにいたはずの段浦さんを安心させようと林部長が笑顔を浮かべると、段浦さんはその場に膝《ひざ》をついて泣き出した。

「どうして、そこまで……」

危険を顧みず、まだ余震が続いていた熊本まで来てくれたことが信じられなかったのだろう。泣いているのか笑っているのかもわからないように段浦さんの顔は歪《ゆが》んで、涙でぐしゃぐしゃになった。

苦笑いをしながら段浦さんは振り返る。

「このときは本当に人生の中でも1番か2番か……、3番目くらいに嬉《うれ》しかったですね。他の2つですか？　結婚したときと、娘が生まれたときなんで、やっぱりその次くらいですかね（笑）。水やガスコンロ、カップラーメン、ガソリンと、物資すべてがありがたかったんですけど、危険な中を来てくれたことがとにかく嬉しかった……。

どれだけ感謝しても、感謝しきれないですね」

この後に林部長は段浦さんの奥さんにも会い、途中のサービスエリアで買った総菜パンを渡した。そのパンを見て段浦さんはまた泣き、奥さんまでも涙を浮かべた。

「どうして、こんな立派なパンまで……」

「こんなすごいパンが見られただけでも信じられんよね」

林部長にしても、無我夢中で熊本まで来ていたが、ここまでの涙で迎えられるとは思っていなかったようだ。林部長はこのとき、別の新店のオープンのために北九州市にいた。熊本の状況がどうなっているのかは誰もが心配していたが、「想像だけで話していても始まらないので自分ひとりだけでも行ってきます」と熊本行きを決断したのだ。

現地では物資が足りないと予想されたので、北九州市のディスカウントストアや道中の店舗で買える物を買いながら熊本に向かった。高速道路は使えず、通行止めになっている道も多く、時間はずいぶんかかったという。

そのときのことを林部長は次のように回顧する。

「震度7が2度くるなんて前代未聞のことだったので、行くしかないと思ったんです。『行きます！』と言ったら、上長も含めて誰にも止められなかった。むしろ〝行ってこい〟という感じになったので、すぐに出発しました。信号も止まっていましたし、帰りも渋滞で大変でしたね。店については無理をして営業する必要はないと思っていました。それよりまず店長たちの安否を確認して、生活に最低限必要なものを届けたかったんです。営業については落ち着いてからやればいいという感覚でした。この前後には、各地区のＳＶにも応援を頼んで物資を運んでもらうことにしたんです」

対策本部へ支援物資を寄付

その後、電気は点《つ》くようになり、店を開けることにした。水が出るようになるのはまだ先のことだった。段浦さんは言う。

「近隣の皆さんは片付けとかを始めていて、手袋やヘルメットなどが必要になるはずだったんで、早めに開けなければならないと思ったんです。コンビニやガソリンスタンドなどでも、開いている店はあまりなかったですね。トイレが使えるところも少なかったので、バケツに水を汲《く》んでおいて、店内のトイレをお客さんにも使ってもらっていました。店を開けて何日か経つと、救援物資だけでなく、非常時に必要となるような商品も次々に届けられてきました。ブルーシートや土嚢《どのう》袋、踏み抜き防止インソール（靴底を強化する中敷き）などですね。そのときは本部のデータと機動力はすごいなと思いました」

ただし、本部のデータは東日本大震災後の状況にもとづくものだったので、水害を前提にした商品も含まれていた。多めに送られてきたレインウェアなどはあまり売れなかったという。そういう例外はあったが、ほとんどの商品は需要が多いものばかりだった。

段浦さんは商品を販売するだけでなく、困っている人に水を分けたりもしていた。

次に紹介する熊本北部《ほくぶ》店の緒方智秋《おがたともあき》店長とともに、熊本県の地震対策本部に対しては本部から送られてきた支援物資の寄付もしている。

「ずっと自分が住んできた熊本であれだけの地震が起きてしまい、困っている人はたくさんいましたからね。自分はワークマンを後ろ盾のようにできていたというか、いろいろなものを持ってきてもらったりしていたんで、心のゆとりはあったんです。でも、そういう助けがない人も多かったので、できることはなんでもやりたい気持ちが強かった。対策本部に物資を寄付できたことも熊本県民として嬉しかったし、林部長とワークマンという会社には本当に感謝しています。ワークマンを始めて2か月しか経っていなかったうちにこういうことがあったんですから、ワークマンをやろうと決めていて本当によかったと思いました。タイに行ったときに友達を見て、彼に負けないためにも人のためになるような仕事をしたいという気持ちになって帰ってきていたので、踏ん張れた部分もあったのかな、と思っています」

生まれ変わってもワークマンをやりたい

余震が長く繰り返されたこともあり、段浦さんは2週間くらいは車の中で生活していた。そうしていながらも、日中は店を開けて、やれるだけのことをやっていた。

ふだんの日常に戻れたと感じるまでには1、2か月はかかったという。

この時期にも県外から工事関係者などが入ってきていて、そのなかでワークマンの知名度があがっていったのを感じていた。

売上げも伸びたので、業務委託契約からフランチャイズ契約（Aタイプ契約）に移行した。それがこの年の11月のことだ。

「地震のときにワークマンや林部長がしてくれたことは絶対に忘れられません。繰り返しになりますが、いい会社に入っていてよかったと思いました。この後、熊本のワークマンは13店舗にまで増えていくんですけど、その店長の半分くらいは自分の知り合いなんですよ。『ワークマン、いいよ！』ってみんなに紹介しているからです（笑）」

熊本新外店でこれだけの感動を得ていたのは段浦さんだけではなかったようだ。熊本地震があったときに段浦さん夫婦を手伝っていたパートさんはふたりいたが、ふたりはともに現在もワークマンに関わっている。そのうちのひとりは、鹿児島でワークマンの店長となった妹さんを手伝っているそうだ。もうひとりは数年、店から離れた時期がありながら、その後にまた熊本新外店に戻ってきている。

段浦さんは真顔でこう締め括《くく》ってくれた。

「僕は生まれ変わってもワークマンをやりたいですね。今回は39歳で始めたので、次にはもっと若いうちに……30歳くらいで始めたい。それくらいに思ってるんですよ」

熊本地震で店長が見つけた「なんのために働くか」

――まだ知名度がなく、お客さんを待つ日々――

熊本新外店は熊本では2番目の店であり、その半年前になる２０１５年3月に開店していたワークマン熊本北部店が熊本県の1号店になる。

店長である緒方智秋さん（43歳）は美容業からラーメン店へと〝転職〟したあと、ラーメン店を15年ほどやっていた。その後、ワークマンの店長募集にエントリーした異色のキャリアの持ち主である。

「ラーメン店は自分で経営していたわけではなかったので、将来的には自分で店を持ちたいと思ってたんです。そういうなかでワークマンの募集を知ったんですね。最初は正直、何をやっている会社なのかも知らなかったんですけど、上場している会社だということがわかって、安心したんです」

面接などを受けている過程で「まじめな会社だな」、「ノルマなどもなくブラックな部分がない」という印象を受けたのだという。応募者が数人いたなかで緒方さんが選ばれた。

このときもやはりBタイプ契約（業務委託契約）から始めることになっている。なにせ熊本1号店なので、第一歩を踏み出していく役割の店舗である。売上げ1億円を目指しながら、将来的にAタイプ契約（フランチャイズ契約）に移行するのがいいのではないかと本部の提案を受けていた。

緒方さんが店を始めたのが2015年9月だったので、熊本地震の7か月前にあたる。

店長になってからの状況がどうだったかといえば……。

「正直、暇でした。知名度もなかったのでお客さんは少なく、駐車場には車が3台停まっていればいいほうだったんです。お昼頃の1時間はスパンとお客さんが途絶えてしまうので、ひとりでご飯を食べていることが多かったですね。これで大丈夫なのかなという不安はありましたけど、本部の人たちが『徐々に知名度があがってお客さんは増えていきますよ』と言っていたので、それを信じるしかなかったですね」

そんな中でも緒方さんは、自分には何ができるかを常に考え、努力を続けた。

店内は「九州地区でも1番か2番」と評されるほどクリーンに保ち、ポスティング(広告物の配布)などの営業面にも積極的だった。

銀行に行く用事があれば、宣伝になるという理由でワークマンのエプロンをしていき、行き帰りの道ではポスティングもしていた。

「どこかに行くなら、ただでは帰ってくるな、というのが僕の信条なんです(笑)。あの頃もいまもそうですけど、どうやったら売れるかとか、どうやったらもっとワークマンを知ってもらえるかということをふだんから考えるようにしています。他の店やコンビニなんかに行っても、ここはこういうところがいいな、こういう接客は見習いたいなとか、できるだけ勉強しようとはしています、やっぱり、他人のいいところは盗みたいですから」

1時間以上かけて来るお客さん

4月14日。最初の地震があったときには仕事を終えて自宅に戻っていた。

「お皿などがガシャガシャと落ちてきて割れただけではなく、壁にも亀裂《きれつ》が入ったところがありました。家には妻と1歳の子どもがいたので、とにかくまず玄関から外に飛び出しました。その日は車中泊にして、翌朝、仕事に行ったんです」

仕事に行った、という表現も緒方さんらしい。まだ情報が少なかったなかにあっても店に行くのが当然の感覚だったのだろう。

店までは1キロも離れていない近さだ。ふだんは車を使っていたが、道路にも亀裂が入っていたので歩いていった。

「途中にはファストフードやお弁当屋さん、アパレルのチェーン店などがあるんですけど、開いている店はなかったですね。うちの店内は、商品が散乱していて壁に亀裂が入っているような状態で、水は出なかったけど、電気は点きました。それですぐにそのまま店を開けました」

この段階でためらいなく店を開けたというのも緒方さんらしい。

「7時過ぎにはお客さんがやってきて、落ちているものを片付けるのを手伝ってくれた人もいました。記憶が曖昧《あいまい》なところもあって、顔見知りの人だったかどうかも覚えてないいんですけど、『あ、すいません』とか言いながら作業を続けていた覚えがあります」

緒方さんがすごいのは、本震のあとも含めて一日も店を休まなかったことだ。奥さんと子どもは実家に帰して、ひとり店に出続けたのである。自分の家のことより店を優先していたのだから家庭不和の原因になっていたとしてもおかしくなかったはずだ。

緒方さんは、店長になって以来、この地震まで、元日《がんじつ》以外は店を休みにしたことがなかった。その延長という感覚もあったのかもしれないが、ここまでのことをできる人はまずいないはずだ。

「地震前は、売上げを伸ばしていくためにやれることをやるしかないという感覚でした。せっかく採用してもらったんだし、それが会社に貢献することだと思っていましたから。地震のあとは、困ってる人がたくさんいたので閉められなかったんですね。

ホームセンターとかも開いてなかったので『助かりました』と言ってくれる人は多かったんです。うちが開いているということを知って、遠くから来られる人もいました。『着くまでに1時間か2時間かかると思う』という電話をもらって、『閉店したあとも店で待ってますよ』と返事したこともありました。必要な人に必要なものをお買い求めいただけることに喜びを感じていたというか……、自分の使命のように思い込んでいたところがあったのかもしれません。被災した人たちがたくさん来てくれていたことでがんばれてたんだと思います」

僕は偽善者なんです——と緒方さんは笑うが、とんでもないことだ。人の役に立ちたいという想いこそが緒方さんを突き動かす原動力になっていた。

実際のところ、こうした災害の中で店を開けていた意味は大きかった。本部には店を開けていたことに対するお礼のメールなども届いていたのだ。

法人のお客様が、ヘルメットや軍手のほか、社員のための下着や靴下などをまとめて買っていくケースもあった。そのときのレシートは数メートルもの長さになっていた。

ブルーシートや安全靴などの在庫はすぐになくなったが、必要度の高い商品に関しては、本部がすぐに補充していった。

当時のマネージャーである前出の林部長は、北部店にも救援物資を届けていた。そのこともやはり緒方さんにとっては心強かったようだ。

新外店の段浦さんは困っている人に水を分けたりもしていたが、緒方さんもまた水やカップ麺《めん》などを困っている人にお裾《すそ》分けしていた。そのときの相手とは現在もつながりが残っているそうだ。そのうちのひとりである税理士さんには申告関係のことなどをお願いするようにもなったのだという。「格安で引き受けてくれています（笑）」とのことである。林部長が運んだカップ麺によって結ばれた縁だといえる。

「地震のときは、自分もがんばりましたけど、人のやさしさというものをすごく感じました。みんなが互いのことを考えていましたからね。僕がお裾分けをできたのも、マネージャーがいち早く救援物資を届けてくれたからなんで、感謝の気持ちでいっぱいです。僕が人を助けられた部分もあったのかもしれませんが、人に助けてもらったことのほうが記憶には強く残っています」

――トラウマも乗り越えて……――

地震前もそうだったが、地震後の緒方さんはとにかく無我夢中でやりすぎていたところがあったのかもしれない。地震から1年ほど経ち、日常が取り戻された頃からトラウマのようなものがあらわれてきてしまったそうだ。

携帯電話の緊急地震速報が鳴り出すと、以前にはないほど不安になる。自分では気がつかないうちに心身の疲れが蓄積していたのか、自律神経が弱っていると診断された。

「地震のあとも、自分の不安を打ち消そうとするように仕事に没頭していたところがあったのかもしれませんね。地震のあとの需要が一段落したあとも、お客さんはどんどん増えていって……。そういう状況に頭と体が追いつかなくなっていたんじゃないかと思うんです。急に求められるものが多くなって、自分のキャパを超えてしまっていたような気がします」

その後、自分の休みを増やすようにはしているそうだが、もう少し自分をいたわってほしいというのが本部の願いだ。

緒方さんもこの後にBタイプ契約からAタイプ契約に移行している。だが、この契約変更は、段浦さんより半年ほどあとになっている。プレッシャーがかかるのを避けたかったというのが理由だった。

「僕はまあ、石橋を叩《たた》いたんですね（笑）。売上げが7000万円台になったときに『見込みでAタイプ契約に移せますよ』と言ってもらったんですけど、半年待ったんです。その頃はまだ少し不安が残ってたということですね。その半年間も売上げは右肩上がりだったし、もう下がることはないだろうということで、Aタイプにする決断ができました」

緒方さんはとにかく実直な人だ。

「報われない努力は努力とは呼べない、という言葉があるじゃないですか。量の問題だけじゃなく工夫とか、売上げを右肩上がりにするためにできることはないかをいつも考えています。いま、熊本県内のワークマンは13店舗にまで増えましたが、そういうなかでこそ挑戦し続けていきたい。お客様からは『人(店長)でこの店を選んでいる』と言ってもらえるのがいちばん嬉しいですね。そういう部分にやりがいを感じながらやっています」

水も出ない状況で店のトイレをお客様に使ってもらったり、届けられた救援物資をお裾分けしていたというエピソードを聞くと、こうした店長たちの存在を誇りに感じる。

ふたりの店長はともに長く車中泊を続けていた。こうした場合、血行不良で血栓ができ、肺塞栓《はいそくせん》などを起こすエコノミークラス症候群になりやすいということはずいぶん問題になっていた。十分な睡眠がとれていたとは思えない。それでいながら毎日、店を開けていたのだ。誰にでもできるわけではないことを当たり前のようにやっていた人たちである。

店舗の営業とは関係なく〝店長たちの無事を確かめたい、救援物資を届けたい〟という気持ちから、信号も点いていない道を急いだ林部長の勇気にも敬服する。

地域のため、住民のために何ができるか？

災害が起きた場合に限らず、そうした部分については今後も考えていきたい。

災害や非常時、コロナにも強い体制はこうして築いた

―寝袋になるパーカー＆ズボン―

東日本大震災のあと、東北地方の店舗では需要が拡大したが、こうしたときにはや

はり、〝被災地で困っている人たちのために何ができるか〟を考える。

私たちがまず考えるのは命の確保だ。地震などがあった当日や翌日は、加盟店の店長にもまず安全を優先してもらう。2日目からは水や食料を届けることなどを考える。営業再開は急がないが、地域が復興に動き出したときにはワークマンの出番となる。およそ3日目、4日目以降だ。

災害が起きたあとにはどのような商品が必要とされたかについてはデータも取っていて、次にまた災害が起きたときなどに生かせるようにしている。東日本大震災では水害が多かったのに熊本地震では水害が少なかったということでズレなどはあったが、そうした結果が出たなら、そこでまたデータは修正できていく。

ワークマンでは災害などの被害が大きな地域で必要になるものが足りなくならないようにできるだけ迅速に商品を搬入していく体制をとっている。

もともと職人さんたちの必需品を扱っているので、災害時に役立つ商品は多い。ヘルメットや軍手、安全靴、懐中電灯、ブルーシートや土嚢袋などがそうだ。下着や靴下なども扱っているので、そういうものの需要も多くなる。

熊本新外店の段浦さんは「中に鉄板の入った踏み抜き防止インソールを買われる人が多かったので、いざというときのためにその後も多めにストックするようにしています」とも話している。

近年は水害も増えている。

2018年の西日本豪雨では愛媛県の大洲《おおず》インター店は水没状態になってしまった。そうなればさすがに店舗は開けられないが、このときにもワークマンの製品が役立った。

本部からは「防水リュック（デイバッグ）に貴重品だけ入れて早く避難するように」と連絡したので、店長もそれに従った。だが、避難しようとしている途中で溺《おぼ》れそうになるほど泥水に浸《つ》かってしまったそうなのだ。そのときに「防水リュックが浮き輪がわりになって助かった」というのである。防水仕様の製品はそれくらい頼れるものなので（浮き輪としての製品保証はない）、災害時などにも役立てられる場面が多いはずだ。

宣伝のようになってしまうが、ワークマンの防寒ジャンパーなどはどの製品も性能が高い。空気ポンプが標準装備されていて、服の中に空気を入れて断熱する「エアロポンプウォームブルゾン」という人気製品もある。見た目もかっこよく斬新で、本当にあったかい。ダウンジャケットなどより自然にやさしいエコ製品である。エアロポンプウォームパンツとセットにして横になれば、クッション付きの寝袋のようになる。

他にも、パーカーとズボンの上下で着て、パーカーのフードを枕替わりにすれば、ほとんど寝袋のように使える製品もある。災害時に限らず、工夫次第でさまざまな用途が見つけられるのではないだろうか。

「社会インフラ」としての使命

新型コロナウイルスの感染拡大が起きた2020年にもすぐに対応を考えた。まずは「不要不急の仕事をしない勇気をもとう」というメッセージを発信。私自身、「会社にはもう行かない」と宣言して、社内の仕事のリモート化を進めていった。

店舗スタッフや社員の安全、地域の感染対策を第一に考えて、時短営業や臨時休業を導入することにも迷わなかった。

その一方でワークマンは「店を開け続けるべきではないか」とも考えられた。どうしてかといえば、ワークマンは〝社会インフラ〟であるからだ。

緊急事態の中にあっても、電気やガス、水道、通信、運送などの事業は継続される。建設業界が止まってしまうわけでもない。そうであるなら、軍手や安全靴などは絶対に必要になってくる。

必要な人に必要な物を届ける――。そのためにワークマンが営業を続けることが重要な意味をもっているのは疑われなかった。

ブームの影響もあり、売上げが増えていながらも加盟店の店長やスタッフが疲れてきていたので、一斉に1か月くらい休んでもいいのではないかという考えもあるにはあった。だが、結局、私たちは営業を続けることを選んだ。

加盟店にはマスクを無償で配り、レジ前に簡易的な「飛沫防止シールド」を設置した。時短営業や土日の休業、ショッピングモール店舗の休業などは実施しながらも社会インフラとしての役割を果たし続けたのだ。

コロナ禍においてもワークマンの売上げが伸びていたというニュースを見聞きした人も少なくないのではないかと思う。「ひとり勝ち」などという言い方もされていたが、こうした結果については売上げだけの問題ではないのはもちろんだ。

ワークマンがこれだけ危機に強く、危機下において社会に求められる存在であることが再確認できたことのほうがはるかに重要な意味をもっていた。

被災地はワークマンを待っている

地域の機能が麻痺《まひ》したようになったとき、営業を続けるかの判断はたしかに難しい。たとえば第1章で紹介したワークマンプラス長野アップルライン店は、2019年の台風19号で店舗が水没しながら、修復、リニューアルして、約2か月後にオープンできた。

周囲はゴミだらけの状況だったので、関東地区のスタッフなども応援に駆けつけてゴミを処理するなどしてなんとかこの早さでオープンにこぎ着けられたのだ。

オープンセールをどうするかという話にもなったが、周囲の被害が大きかったので、ずいぶん控えめに行った。派手にやるのは申し訳ないという気持ちが強かったからだ。

その1か月ほどあとに現地に行ってみて、遠慮したのは間違いだったのではないかと気がついた。オープンを急いだのは営利目的ではなく、社会インフラとして必要とされるはずだから、ということがまずあった。

それだけではない。

店長である佐々本由佳さん自身が、この水害の被災者なのである。「これから先、自分たち家族はどうなるのか」と不安で泣いたこともあった人だ。

その佐々本さんがいち早く立ち上がり、また営業を始める。

周辺には営業再開をあきらめて撤退していく店舗もあったなかで、スピーディに営業再開するというのは地域にとっては非常に明るいニュースだ。それも復興に役立つ商品を扱うのだから歓迎もされる。

佐々本さんの存在は、希望の灯《ともしび》でもある。

そうであるのに目立たないようにとオープンさせるのはおかしな話だ。そこでもう一度、オープンセールを行うことにしたのだ。

「被災者である店長も、こうして立ち上がりました」という宣言にもなるように今度は堂々とセールを展開した。

それにより非難の声があがったかといえば、そんなことはいっさいなかった。そのときも現在も、ワークマンプラス長野アップルライン店は地域に愛される店舗になっている。

立ち上がる勇気というものはやはり尊い。

第5章

次世代が育つ働き方

明るい未来が予見される
新時代の店長が生まれてきている！

これからのワークマンには「若い力」が必要となってくる。

長く加盟店を運営してくれている店長はかけがえのない存在であり、別の分野でキャリアを積んできた人材も歓迎される。しかし、エネルギッシュな力を発揮しながら長く店舗を運営してもらうため、あるいは私たちのような年齢の人間には考えもつかないアイデアを出してもらうためには若さと柔軟な発想力が武器になる。

そのため近年は、加盟店となるにあたっての初期費用を抑えるための制度をつくるなど、できるだけ門戸を広く開いておくようにしている。

そんな中にあり、20代の店長も誕生している。

これから30年、40年とやっていけるパワーと可能性

26歳で独立した最年少店長

東京都のワークマンプラス練馬《ねりま》北町《きたまち》店は2020年9月17日の新規オープン。改装による業態転換ではなく、新しく建てられた新店舗であり、店長になったのは当時26歳で最年少加盟の齋藤亮太《さいとうりょうた》さん（27歳）だ。

店も店長も若く、ワークマンの明るい未来が予見される組み合わせになっている。

齋藤さんは言う。

「僕が大学生だった頃に両親もワークマンに加盟してるんですが（ワークマン成田美郷台《なりたみさとだい》店）、そのときはとくになんとも思わず、〃ああ、そういう選択をしたんだな〃という感じだったんです。当時の僕はといえば、とくにやりたいこともなくて……。言い方は悪いんですけど、大きな会社に入っておいたほうが、将来、何かやりたいことが見つかったときにプラスになるんじゃないかということで不動産系の企業に就職し

たんです。賃貸の仲介を担当することになって2年くらいその仕事をしていました。会社の何かが不満だったというわけではないんですけど、大きな契約を成立させてもあまり評価されなかったので、何かを成し遂げたときにはその分だけリターンがあるところでやっていきたい気持ちが強くなったんです。そういうなかで両親もやっていたワークマンの仕組みに興味をもって、調べてみたんです」

その頃に住んでいた部屋からいちばん近い地域で募集がかけられていたのが建設中のワークマンプラス練馬北町店だった。

「そのときは婚約者がいながら結婚にまで踏みきれていなかったんですけど、将来を悩みながらなんとなくやっていくより、早めに思いきった選択をするのがいいんじゃないかと思ったんです。彼女もそれほど迷わず賛成してくれました。うちの両親がやっている成田の店を見ていたので、あまり不安はなかったのかもしれません」

応募者がかなりの数だということも耳にしたので、「これは記念受験になるかな」とも思っていたそうだ。それでも、面接などでは「全力を尽くして全開で自分をアピール」するように努めた。そんな前向きさも齋藤さんのいいところだ。

結果として審査は通った。加盟に必要な資金は、ワークマンの紹介による日本政策金融公庫の融資を受けている。

「両親に資金を借りることですか？　それは考えなかったですね。これから自分でやっていくんだから、自分の名前でお金を借りて、自分で返済していってこその自立だと思ったんです。不安はありませんでした。失敗したときのことを考えていたわけではないんですけど、仮に失敗したとしても、加盟した時点でまだ26歳だったので、いくらでもやり直せるという考えがあったんです。僕はチャレンジャーなんですよ（笑）」

会社に退職を申し出たときには止められたというが、友人たちからは「やりたいなら、いいんじゃない」という反応のほうが多かったそうだ。

齋藤さん自身に迷いはなかった。

期待感とワクワク感があった船出

ワークマンの店舗は両親の店しかよく知らなかったなかで、審査が通ったあとの研修で行った店舗がワークマンプラスだったことでも期待感が高まった。

「建物自体がおしゃれで、アパレル感も強くて、ワクワク感がそそられるような感じだったんですね。自分の店が完成したと聞いたときも、まだ商品とかも入っていない段階から見に行って、こっそり記念写真を撮ったりしてたんですよ（笑）」

26歳という若さで新築されたばかりのワークマンプラスの店長になるのだから昂揚《こうよう》するのは当然かもしれない。

「お客さんが来なかったらどうしようっていう不安はありましたけど、初日から入場規制をかけて列ができるくらいになったんで、やっぱりほっとしました。条件としてもかなり恵まれた店舗といえますね。お客様の比率でいうと、職人さんと一般が3対7くらい。店に揃えているアイテムも職人さん向けのものは少なめなんですけど、車で10分くらいのところに別のワークマンがあるので、棲《す》み分けはうまくいってるんだと思います」

日々の仕事などもおよそイメージどおりだった。

ただ……、「思っていたより書類的なものが多かった」とは苦笑する。

「体を動かしたり、お客さんと話をしたりするのはいいんですけど、書類を処理していくようなことは苦手なんですよ（笑）」

処理に手間取るような書類はそれほど多くはないので、苦労していることが少ないからこその言葉だとも受け取れる。悪くない船出だ。

店には午後から出るようにしている

オープンからしばらくすると、店に出る時間や休みの取り方についてもうまくコントロールできるようになってきた。

「いまは週に一日休みをいただいて、それ以外の日は午後から店に出ることが多くなっています。それで閉店まで店にいるので、普通の会社員とは少し時間がズレている8時間勤務ですね。最初からそうだったわけではなくて、オープンから1週間は、開店から閉店まで通しで店にいたんです。でも、それを続けていくのはすっごくきつくて。このままではもたないなと思って午後から出るようにしたんです。休みも最初は店休日だけだったんですけど、8か月ほど経って、週に一日、休みを取るようにしました。やっぱりある程度は休まないと、自分のやる気や体力を考えてもコスパが悪いじゃないですか。一日かけてやっていたことを短めの時間で終わらせるようにできたなら、そのほうがいいかなと思ったんです。店にいるあいだはあまり休めなくなっても体はまったくつらくないです」

オープン時点で齋藤さんは、婚約者とはまだ籍を入れていなかった。彼女のほうが「籍を入れるのは七夕の7月7日がいい」と望んだからだそうだ。若い人らしい考え方だし、ワークマンとしてもそこで無粋な介入をすることはない。とりたてて確認はしていないが、睦《むつ》まじいふたりは、いまごろ戸籍上も夫婦になっているはずだ。

ローテーションとして、午前中は奥さんが店に出るようにしていて、お昼頃に齋藤さんが店に出たあと、一緒に食事をしてから交代することが多いのだという。なかなか休もうとしない店長もいるなかで柔軟な考え方ができている。

「ふたりで一緒にいられる時間が長いか短いかですか？　それはどうなんでしょう……。これから30年、40年と一緒にやっていくなら、最初から一日中ずっと一緒にいるより、このくらいのバランスでやっていったほうがうまくいくんじゃないかなとも思ったりしてます。先のことはわからないので、あくまで想像ですけどね（笑）」

若い人はもっと店長になればいい

オープンからまだ日は浅いが、店舗に自分らしさなどは出せているのだろうか。

「そこはまだないですね。品揃えの部分などで自分の考えを出していく店長さんもいると思うんですが、いまはSVの方が細かく指導してくれているので、助言してもらっている部分を大切にしています。僕は店長になってまだ1年も経っていないので、個人的な考え方でやっていくよりも、販売実績のあるSVの方が勧めてくれる商品を優先的に入れていくほうが賢い選択である気がするんです。少なくとも、いまはそうですね。将来的には自分の色も出てくるかもしれませんが、まだ少し先だと思います」

齋藤さんは細身の体でもあり、ワークマンの商品のなかでもレディースのものをチョイスして着こなすなど、他にはあまりいないタイプのスタイリッシュな店長だ。それだけ個性的な面もありながら、仕入れなどに対する考え方は意外に手堅いようだ。

「やっぱり本部の人の話やデータに従っていたほうが売れる確率が高いと思うんです。担当してくれるSVの方がすごく信頼できる人だということもあるんですけど、自分でやるべきところはやって、頼れるところは頼らせてもらっています」

店舗の運営が順調ということもあり、将来的な不安をもつことはないという。

「最初からまったく不安がなかったわけではないんですけど……。僕がワークマンの面接を受けていたのはちょうどコロナが広がりだしていた頃だったのに両親の店の売上げは好調のようだったので、ワークマンは大丈夫なんだろうな、と思うことができたんです。それにオープン以来ずっと、お客さんにもよく来てもらっているので自信がついてきています。これまでは年齢層が高めの人たちが店長になることが多かったようですが、〝若い子たちも、もっとやればいいのにな〟とも感じてますね。朝9時に会社に行って夜の8時とか10時とかまで残業して決まったお給料をもらっているより、こういうところに飛び込んでみるのもいいんじゃないかなと思います。実際に僕は、周りの友達にもすごく勧めてるんですよ。関心を示す友達も多いんですけど、個人事業主というところでプレッシャーを感じるのか、肝心な一歩がなかなか踏み出せないみたいですね。でも、エントリーや面接について詳しく聞いてくる友達も出てきています。妻のほうでも友達からうらやましがられたりしているようなので、これからエントリーする人が出てくるかもしれませんね」

今後はワークマンでも「若い力が求められていくはず」だと感じているともいうが、若い力には何が期待されるのだろうか？

「若い子のほうが固定観念が少ないだろうな、というのはまずありますね。経験を重ねて持論を持つことは大切なんでしょうけど、固まっているものがなければ、どこにでもやわらかく入っていける。社員の方から言われることなどもノンストレスで吸収しやすいいんじゃないでしょうか」

目指すのは全国トップテン

齋藤さんは、両親に相談することもなくワークマンに問い合わせの連絡をして、それから両親に話したのだという。そのとき父親は嬉《うれ》しそうに笑っていたそうだ。

「僕の想像なんですけど、父親はワークマンをやってることに誇りをもっているようなので、息子が同じ道を選んだのが嬉しかったんじゃないですかね。〝お前もか！〟みたいなところがあったのかもしれません。正月に家に帰ったときには、店をどうしていくべきかということを熱く語られました。お酒が入っちゃうと、そこは大変ですね。もうわかったから仕事の話はいいよって（笑）」

期せずして同じ道を歩むことになり、新しい関係性が生まれるのは微笑ましい。

「でも、売上げとかで両親をライバル視するとかはないですね。やるからには上を目指したい志はあるし、親を抜くとかいうよりも、全国のトップテンに入りたいなって気持ちがあるんです。10位以内に入れば箔《はく》が付くというか、自分の中でも自信になって、さらなる飛躍につながる気がするんです。うちの近くの店舗に、オープン3年くらいでベスト5に入ったオーナーがいて、話を聞くとすごく勉強になるし、カッコいいなと思います。そういう人が身近にいることでも励みになっています」

若いということがマイナスになる点はないかを聞くと、こう答える。

「口コミで『店長が大学生みたい』って書かれたことはありましたけど（笑）、そういうことくらいしかないですね。店に来る職人さんたちもやさしい方ばかりですから」

すべてにがむしゃらで、とにかく明るい。

その明るさが店舗のカラーにもなっている。

人なつっこい性格は、接客面でもプラスになるのは間違いない。

この店舗を担当するSVは言う。

「齋藤さんは、僕らに対して『こういう場合はどうしたらもっとうまくやれますか？』と質問攻めにしてくることが多くて、吸収しようという意欲がすごく強い人なので、できるだけサポートしたいという気持ちになりますね」

ベテランの店長にはベテランの強みがあるが、齋藤さんのキャラクターやパワーも強力な武器になっている。齋藤さんのような若い力の〝これから〟に対する期待は大きい。


大学生のように見えるほどフレッシュな20代の夫婦が店舗を運営し、「これから30年、40年と一緒に人生を歩んでいく」ことを頭に描いているというのは素敵な話だ。

何度か再契約して10年、20年とやっていくなかでもいろいろなトライができるにしても、30年、40年という時間があれば、可能性は無限大に広がる。

ふたりのあいだに子どもが生まれたとしたなら、その子は生まれたときから〝ワークマンで育つ〟ことになる。その子がまたワークマンを継いでくれたならどうだろうか……。

話を聞いていると、明るい想像が次々にふくらんでいく。

齋藤さんのような人はこれからもどんどん増えてほしい。

普通は口にできないことでも言ってしまえる会社になってきた

――#ワークマン女子に関する「男たちの失敗」――

私がワークマンに入社した当初、気になったひとつには、トップダウンの会社になっているのではないかということがあった。成長の限界も見えてきていたので、社内の風通しを良くすることが喫緊《きっきん》の課題になると感じた。

キャリアや年齢などに関係なく誰もが意見を口にでき、新しいことをやっていけるボトムアップの組織にする必要があったのだ。

会社にとっては役員より社員が重要である。社員全員が経営に参画していける仕組みをつくっていきたいとも考えた。いまはおよそ、それができてきたと感じている。

ワークマンプラスや#ワークマン女子を立ち上げていくなかでも若手社員や女性社員の存在感が大きくなっているのが実感された。
#ワークマン女子も最初は、私をはじめ男性社員が中心となって準備を進めていた。だが、途中で営業企画部の女性社員らに意見を聞いてみると、想像を超えるほどの酷評を集めてしまった。
とくにインスタグラムへの投稿を増やしてもらう目的でつくろうとしていたフォトスポットについては、「色が良くない!」、「置いてあるぬいぐるみがかわいくない!」など、さんざんに非難された。

そこで、こうした部分に関しては女性たちに任せてしまったほうがいいだろうと考えて、彼女たちにも企画スタッフとして加わってもらったのだ。

2020年の10月16日に横浜桜木町駅前《よこはまさくらぎちょう》のコレットマーレにオープンしたのが#ワークマン女子の1号店だ。この店舗のトレードマークとなっているのが、フォトスポットとして設置しているピンクのブランコだ。私たちは最初、このブランコをブルーにしようかとも検討していて、ダメ出しをされたのである。

他にもさまざまな面で見直しを進めていき、フォトスポットの小物などはすべて大きめのサイズで揃えた。それも女性社員の意見に従った結果だ。写真を撮ったときの小顔効果を考えてのことだというから男性陣では思い浮かばないアイデアだった。

このような意見が躊躇《ちゅうちょ》なく口にされたときには聞き飛ばさずにまずは取り入れてみる。そういう環境になっていたからこそ#ワークマン女子も成功できたといえる。

このフォトスポットをつくるうえで、さまざまな提案をしてくれた伊藤磨耶《いとうまや》（広報部兼営業企画部マーケティング戦略グループ）は次のように振り返っている。

「そのまま進めるよりは女性の意見を聞いたほうがいいだろうと思われたようだったんですけど、実際に専務たちが進めていたものを見たときは〝いや、そうじゃないだろう〟って（笑）。普通はそう思っていても口にできないものかもしれませんが、言ってしまえる会社になってますね。『違います！　そこはこうしたほうがいいですよ』と、ぽろっと言ってしまいました。それでも、怒られるどころか、『ああ、なるほど』と納得してもらえたんです。そうやって意見を取り入れてもらえたのはよかったです。いい経験になったし、楽しかった。これからもっともっと自分自身を成長させたい気持ちにもなりました」

20代で責任ある仕事をする

#ワークマン女子を立ち上げた際の経験も踏まえて、この会社をどう感じているか？　そう聞くと伊藤は次のように答える。

「すべての社員が思っていることかもしれないですけど、一人ひとりの役割がすごく重要なものになっている気はします。大きな企業と比べれば社員数も少なくて(2021年3月末で332名)、私の同期も入社時には15人くらいでした。担当の部署はめまぐるしく変わっていって、#ワークマン女子に関わることにもなったりしたわけです。入社時には考えてもいなかった役割が与えられたので、ビックリしました。プレッシャーもあるんですけど、やりがいはあります。どの仕事にしてもそうですけど、上の人たちに対して遠慮する必要がなくて、なるべくいいものをつくっていこうとみんなが意見を言い合っています。ひとつの方向に向かって一緒に進んでいる感じがすごくしますね」

私が直接聞いたわけではないのだが、専務である私の印象がどうかと質問すると……。

「こんなこと言っていいのかどうか」と前置きしながらも、「やさしく見守ってくれている親戚《しんせき》のおじさんのような感じでした」と続けたそうだ。

この言葉に対してどう反応していいのか……、複雑ではある。とはいえ、怖気《おじけ》づいたようになってしまい、自分の意見を口にできなくなるよりはいいと思う。

ワークマンプラスや#ワークマン女子などがこれからさらに進化していくためには若い人や女性の意見などが必要になってくる。社員であれ加盟店の店長であれ、積極性のある人材が求められる。

伊藤に、これからやりたいことを聞くと、こう答えた。

「ワークマンのファンになりかけてくれているママさん世代の人たちに対して、ワークマンの商品をもっと日常の中に取り入れていくにはどうすればいいのかといったことを発信していきたいですね。私の家族や知り合いなんかにしても、少し前までは『ワークマンって行ったことないんだよね』っていう人が多かったんです。それが最近は、母親や母親の友人からも『行ってみたよ』、『一度、行ってみたいんだよね』といった話を聞くようになってきて、〝あ、変わってきたんだな〟と実感してるんです。その一方で、男女を問わず若い人たちにも、もっとたくさん来ていただきたい気持ちも強くなっています。ワークマンの商品は機能性が高いというイメージはもってもらえていると思うんですが、値段が安いということを知らない人はまだいるようなんで……。

1900円とか2900円とかの商品が主流で、ちょっとバイトすれば買えるんだよっていうことも、うまく発信していきたいなと思っています」

若い社員たちがそれぞれに自分なりの指針や目標をもつようになってきたなら次へのステップにつながる。これから何が必要なのかは一人ひとりが考えればいい。

伊藤はこうも言っている。

「責任ある仕事をしていくなかでは自覚のようなものも芽生えてきた気がします。いまのワークマンはうまく進化できているんだと思いますが、トップの人たちに頼り続けているのではなく、今後、どのように進化させていくかは私たちが考えていかなければならないんだと意識するようにもなりました。そのためにもいまは、学べることをしっかり学んでいかなければならないと思っています。私の夢というか最終目標としては、社員一人ひとりがワークマンで働いているのを誇りにできる会社にしたいっていうことがあるんです。フランチャイズ加盟店の店長さんたちにもそう思ってほしい。そのためにはどうしていくのがいいのか……。やるべきことがあふれているようで、プレッシャーも感じています」

〝第2の創業期〟を迎えたワークマン

ワークマンプラスの1号店ができたのが2018年だ。それよりあとに入社している社員も増えてきている。

そのため現在は〝ワークマンを知っているか、いないか〟によって意識の差も出始めた。ワークマンプラス以前のワークマンプラス以後のイメージしかない新人たちとすれば、アパレルの会社に入ったのにも近い感覚があるのかもしれない。だが、そういう世代の新人たちも、SVを経験するなどしっかりと現場を学んだうえで、自分が進むべき方向を考えていってもらいたい。

一方で、古くからのワークマンを知るベテラン社員たちの意識にも変化が出ている。「ワークマンプラスというものができて〝第2の創業期〟を迎えた意識でいます」という言い方をする社員もいるほどだ。

実際にそう口にしたベテラン社員はこう続ける。

「第2の創業期を迎えたんだと考えると、ベテランも若手も、みんなが入社3年目のようなものなんです。40代、50代の社員だって入社3年目とかわらないということです。実際のところ、ベテランたちにも、それに近い勢いが出てきた気がします。若い人たちに負けないようにとフレッシュな気持ちになっているんですよ。スタートラインが同じなので、みんなが知恵を絞り合って、キャリアや年齢などとは関係なくやれている。そういう環境になってきたことが、すごくおもしろいなと思っています」

若い人たちが出てくれれば、ベテランも負けていられなくなる。

そういう図式の中でこれから何が生み出されていくのかは楽しみでならない。

〝熱心なファン〟が新しい可能性を広げてくれる

――フォロワー数よりワークマン愛――

ワークマンは「アンバサダーマーケティング」にも力を入れている。

アンバサダーという言葉は、最近よく耳にするようになっているのではないかと思う。本来は「大使、使節」といった意味をもつ英語（ambassador）であり、ビジネス用語としては「広告塔の役割を果たす人」たちをこう呼ぶ。

似た言葉にはインフルエンサー（influencer）がある。インフルエンサーとはＳＮＳのフォロワー数が多いなど、「影響力が大きな人たち」のことだ。通常、企業がインフルエンサーに製品やサービスの情報拡散を依頼するときは、有償ベースになることが多い。ワークマンはインフルエンサーに無償でアンバサダーへの就任をお願いしている。

ただし、ワークマンに興味がなかったインフルエンサーを口説いてアンバサダーになってもらうわけではない。ワークマンの製品の〝熱心なファン〟である各界のインフルエンサーにアンバサダーに就任してもらうようにしているのだ。

そのアンバサダーにはワークマンに関するＳＮＳ発信をしてもらい、文字どおり広告塔の役目を果たしてもらっている。

ワークマンの兄弟会社であるカインズが早くからインフルエンサーに注目していたのでワークマンでもこうした取り組みを始めた。２０１５年からインフルエンサー向けの製品発表会を開くようになり、２０１９年からはアンバサダーを誕生させている。

ワークマンの公式サイトでは公式アンバサダー紹介ページもつくっている。現在、アンバサダーは40人ほどにまで増えている。キャンプ、アウトドア、モータースポーツ、猟、釣り、食……など分野はさまざまだ。アンバサダーの皆さんに共通しているのは、社員にも負けないワークマン愛と熱量を持っていること。
そういう人たちとのヒューマンリレーションを大切にしている。

ワークマン関連の投稿は2倍以上伸びる

アンバサダーのワークマン愛は販促だけではなく製品開発にもつなげられている。キャンプ、アウトドアなどの分野では、我々が考えてもいなかったようなところで製品が利用されていることがある。職人さん向けのレインスーツがライダーに愛用されていたことなどもその例だ。

社内には作業服の専門家はいてもバイク用品の専門家はいない。それでも、そういうニーズがあるとわかった以上、そのジャンルでの要求に応《こた》えられるように製品開発ができないかと考えてみる必要がある。その際にアンバサダーの協力を得るようにしている。

実際に新たな製品開発ができた場合には、アンバサダーがその製品を紹介するSNS投稿をしてくれる。各ジャンルのインフルエンサーになっている人たちの発信力はとにかく強い。そういう人が「キャンプで使える」、「ツーリングで使える」という熱のこもった情報を提示すれば、多くの人が即座に「えっ！」と振り向いてくれる。テレビCMなどよりも訴求力は強いといえる。広告効果はとにかく大きい。

販促と製品開発の両面においてアンバサダーの存在は心強いわけである。

こうしたアンバサダーとは金銭の授受がなく、善意でつながっている。

いまワークマンでは定期的なテレビCMは打っていない。各種メディアで紹介してもらうほかではアンバサダーがSNSで紹介してくれることが重要な販促活動になっている。新製品などを出す際には正規の発表より先にアンバサダーに情報と製品を提供する。それでまずアンバサダーに試してもらい、その感想をSNSで挙げてもらうのだ。

アンバサダーにとっては、いち早く情報公開できることがメリットになる。

ワークマンの製品に関する記事を投稿すると、それ以外の投稿をしたときよりアクセス数が214％から1000％にも増えるというデータが出ている。1000％という結果が出たのは「バイク関係のSNS」なので、それだけライダーのあいだではワークマンに関する情報の人気が高いのがわかる。

他にジョギング、キャンプ、釣り関係のSNSでもワークマンの影響力は強い。

YouTubeで再生回数が伸びれば、アンバサダーは広告収入が増える。

ＳＮＳで評判になれば、その製品の購買に直結しやすいのもわかっているので、利害関係は一致する。

製品開発も手伝ってもらう

アンバサダーの第1号はサリーさんだ。

キャンパーであり、ママさんブロガーである。

きっかけはサリーさんは「綿かぶりヤッケ」を着た写真をアップしていたこと。

この製品は溶接工向けのもので、純粋な作業着である。「バーベキューの時の火花でも穴があかない」というのが綿かぶりヤッケを着ている理由だったので、社員でも気づかない利用法だったといえる。すぐに担当者が会ってみて、良好な協力関係が築けそうだと直感したことからアンバサダーになってもらった。

その後には共同での製品開発も行っている。サリーさんが利用してくれていた綿かぶりヤッケを改良した「綿アノラックパーカー」をさらに進化させていったのだ。

頭からかぶるパーカーだと髪形がくずれやすくなるので、それをふせぐために前面を全開にできるフルジップタイプにして、デザインもできるだけシンプルにした。一方でポケットにはファスナーをつけて、中に入れたものが落ちにくくした。色もパープルとベージュや、キャメルとスミクロのツートンカラーにして「フルジップコットンパーカー」として売り出すと、たいへんなヒット商品になった。

また、キャンパーとしてのリクエストに応えて、巨大ポケットやペグハンマーをぶら下げるためのハンマーループをつけるなどした「コットンキャンパー」も発売した。厚手のコットンなので、焚火《たきび》をしていて火の粉が飛んできても燃え広がりにくい。キャメル、オリーブの2色で売り出したところ、こちらもヒット商品になった。その後には、サリーさんのリクエストを受けて新色（ネイビー、グレー、別タイプのブラウン）も発売している。

こうした成功を受けて「アンバサダープロジェクト」を本格化していき、魅力的なアンバサダーを増やしていった。

「狩女子」であるＮｏｚｏｍｉさんも頼りになるひとりだ。

「ワークマンの白と黒のカモフラ柄（迷彩柄）ばかりを着ている狩り女子がいる」という情報を私が聞きつけたことからアンバサダーになってもらった。

人気ユーチューバーでもあり、イノシシを解体している動画なども公開している本格派の狩り女子だ。自分のチャンネルでワークマン製品を取り上げると、アクセス数は約3倍になるというから、お互いにとってのメリットになる。

Ｎｏｚｏｍｉさんともやはり製品の共同開発をしていて「防寒アウター」を出している。別売りのレインウェアが取りつけられるようになっているので、セットで着れば雨が降っても活動できる。狩猟時に携帯する荷物が多いということから背中にポケットをつけるなど収納性にこだわったのも特徴だ。

この製品については、Ｎｏｚｏｍｉさんの顔写真入りの製品紹介媒体もつくっている。ポスターにあるＱＲコードを読み込むと、Ｎｏｚｏｍｉさんが製品を紹介しているＹｏｕＴｕｂｅアカウントに飛べるようになっている。

アンバサダーとの共同開発は新製品の3分の1にまで伸びている。

採用時点のスキルよりも「親切心」が長い目で見て重要

――突出した人材は求めない〝凡人経営〟――

ワークマンは考え方として〝凡人経営〟なので、突出した人材は求めていない。「親切心」がある人たちが連携しながら仕事に取り組んでいくことがなにより大切だと考えている。

一人ひとりの力はたいしたことがなくても、他人のことを考えられる人たちが10人も集まれば大きなことをやってのけられる。

月並みな表現になってしまうが、いくら有能な人たちが集まっていても、1＋1が2にならず、足を引っ張り合って1・2くらいにまで落ちてしまうことがある。それとは逆に、お互いに補い合うようにしていけば1＋1はちゃんと2になる。それどころか、場合によっては3や4にもなっていく。

補い合うだけでなく、教え合うようなスタンスであったなら、一人ひとりの知識やスキルは高まりやすい。組織としてもさらに強くなっていくことが期待される。

ワークマンの基本は〝親切心採用〟である。

公式サイトでも「学習（心）」、「機動力」、「親切（心）」のある人材を求めていることを明記している。

学習心が必要なのは入社後の2年で加盟店支援や指導ができる力（SVとしての基本）を身につける必要があるからで、機動力はそのために全国を回って現場力を養成することになるからだ。

学習心とともに大事になるのが責任感だ。研修では直営店舗の店長になる。その際にやるべきことをしっかりこなしていくためには、器用さなどより責任感が問われる。

2年で基礎力をつけたあとにはジョブローテーションとして複数の部署を経験する。この段階ではまずSVになるケースが多い。

親切心と切り離せない要素として協調性が求められる。

本部の人間が親切でなく協調性もないようなフランチャイズには、誰も加盟したがらない。加盟したとしても長続きはしないので、それでは会社が成り立たないからだ。

加盟店に対しては上から目線で指示するのではなく、同じ目線で寄り添っていく姿勢でいなければならない。

いま、ワークマンの店舗の95%はフランチャイズであり、再契約率は99%になっている。親切心採用をやめればこの数字をキープできなくなるにちがいない。

そんな事態に陥らないためにも、採用において学習心、機動力、親切心を重視する方向性は今後も変えることはない。

入社説明会に4人しか集まらなかった

ワークマンプラスのブームが起きてからは、入社希望者もずいぶん増えてきた。作業服、作業用品の店という色合いが濃かった時代は入社希望者は少なかった。

2009年の入社で、現在は人事を担当している宮下健人《みやしたけんと》に聞くと、彼自身が就職活動をしていたときにはワークマンの入社説明会の会場には学生が4人ほどしかいなかったという。他の小売り系企業では20人や30人くらいは学生がいたそうなので寂しい話だ。当時にしてもワークマンの業績を示す数字は悪くなかったのだから、知名度や人気がいかに低かったかがわかる。

2017年頃まではそんな状況はあまり変わらなかった。

変化があったのは2018年だ。ワークマンプラスの1号店が誕生するより早く、2月にテレビの『カンブリア宮殿』でワークマンが紹介されたのがきっかけだった。この直後から学生の問い合わせが増えてきたのだ。その後、ワークマンプラスが話題になると、この動きは加速した。説明会やセミナーは予約だけで埋まってしまうようになったのである。2020年からはコロナ禍で会場の人数制限をしたため、さらに予約は埋まりやすくなった。2021年にはセミナーへの参加希望者が5か月で

400人を超えている。

ワークマンを取り巻く景色はずいぶん変わった。

宮下にしても、ワークマンへの入社を決めた際、大学の同期に対して社名を伝えると「ナニ、それ?」と返されたことがあったのだという。ごく最近、12年前にそう言っていた相手に「ワークマンで人事を担当している」とあらためて話してみると、「すごいな!」と驚かれたというからおもしろい。

12年前には社名を伝えてもあっさり忘れられていたのに、いまでは社員でいればうらやましがられる会社になったということである。

人気になっても採用者数は増やさない

これだけわかりやすい変化が出ているからといって、採用者数を増やしていくことは考えていない。

入社後2年は直営店を回りながら現場研修を受ける方針があることも、新卒社員を一定数でとどめている理由のひとつだ。直営店はできるだけ増やさないようにしているのに店長を経験すべき新人の数が増えすぎてしまえば、やりくりができない。入社後のトレーニングの質を落とさないためにも新卒採用は約20名程度にとどめている。

入社後まもなくミスマッチを感じて退職する新入社員がひとりくらいはいても、ワークマンの社員定着率はかなり高い。入社6年目以降になると、ほとんど離職者が出ないというデータも出ている。この事実を考えても、むやみに新入社員の数を求める必要はない。

大学のゼミやセミナーなどでワークマン式経営が取り上げられる機会が増えた影響もあるようで、セミナー参加者や入社希望者は多様化している。

わかりやすい部分でいえば、国公立大学や一流私立大学の学生などが増えてきた。だからといって、いわゆる一流大学の人たちを優先的に採用していくつもりはまったくない。あくまで人柄を重視していきたいからだ。

筆記テストも行うが、計算問題や作文などが中心になる。採用を決める際、重視しているのはやはり面接である。

最近は面接で何を話すべきかを事前に準備している人も増えている。だが、ある程度の時間、話をしていれば、予習的なことをしていたかとは関係なく人柄が見えてくる。「この人なら会社の考え方に適応して成長してくれそうだな」と感じられるかどうかを見ていくわけだ。

面接でどこまで人柄がわかるものかと問われたなら、たしかに絶対はない。それでも、およそ正解は出せているのではないかと思う。いまのワークマンには、私たちが望んでいるタイプの人材が集まっているように感じられている。

ＳＶとして独り立ちしたあと、店舗を回っている若い社員たちに関しても、加盟店の側から悪い評判を聞かされることはほとんどない。

相手の気持ちがわかる研修体制

公式サイトの中では「ワークマンは『小売業』ではありません！」というフレーズも掲げている。

一般的には小売業者と見られていても、直営店を増やしていく意図はなく、小売販売そのものはフランチャイズ加盟店に任せている。本社で採用する社員の主な仕事は、加盟店を指導していくことや良質（デザインが良く高機能）で安価な製品を企画開発して加盟店に供給することなどになる。研修時に店長を経験させるといっても、販売職に就くべき社員を募集しているわけではないのである。

研修時に店長を経験させているのは、現場を知ること、そして加盟店に対するコンサルティング能力をつけることを目的としている。また、お客様の声を聞くことから始めなければ、いい製品やサービスを考えることはできない。

研修後早い段階でSVに就かせる方針にも似た意味がある。現場で店長としてお客様とコミュニケーションを取ることを学んだあとには、加盟店の店長とコミュニケーションを取りながら「加盟店が何を求め、何に困っているか」を学んでいく必要がある。

SVという仕事が肌に合い、現場にこだわりながらキャリアアップしていく社員もいれば、研修やSV経験で学んだことを生かして商品本部や営業企画、あるいは管理部署などに就いていく社員もいる。誰もが希望する部署に就けるとは限らないものの、5、6年目あたりからはそれぞれの道を進んでいくことになる。

中途採用では例外的に専門的なスキルをもつ人を採用するケースがないわけではない。しかし、新卒者の専門職採用はしていない。

総合職として採用した社員のなかには、服飾の勉強をしてきた学生やデータサイエンティストになるための基礎を身につけてきた学生などもいる。将来的にはそうしたスキルを生かしやすい部署に就くことはあっても入社後の流れは同じだ。

研修を受け、SVを経験する。

「どちらかというとコミュニケーションは苦手」と言いながら、服飾に関する専門知識を生かして活躍している新人SVもいる。「この素材にはこういう特性があるので、こうした現象が起きやすいんです」などと、店長やマネージャーでも舌を巻くような知識を披露することもあるらしい。

採用担当冥利に尽きる電話

先ほど名前を出した宮下は2018年頃から採用を担当している。最初に採用に携わった社員が入社3年目なので、その社員たちが研修を終えてSVなどの役割に就きはじめている。

宮下もかつてはSVをしていたので、その当時、担当していた加盟店の店長から連絡を受けることも出てきたそうだ。宮下は言う。

「よく知っている店長さんから連絡があって、『宮下さんが人事担当だったという人がうちの担当SVになりましたよ。まだ新人だけど、しっかりやってくれそうです』と言ってもらうことがあったんです。わざわざそういう電話をいただくと、自分たちの判断は間違っていなかったという自信をもつことにもつながります。採用の仕事って、すぐには成果は出にくいものだと思っていたんです。10年後などになってようやく、自分が担当した人間がどんな部署でどのような活躍をしているかといったことを耳にして、はじめて喜びにつながるんじゃないかなって想像してたんです。でも、予想していたより早く、こういう話を聞けただけでも嬉しかったです。これからも店長さんたちによく思ってもらえるような人たちを採っていきたい気持ちになりました」

人柄採用の方向性は正しく、採用においても人柄を見誤っていないという証《あかし》といえる。宮下は次のようにも話している。

「いまのワークマンでは、20代でマネージャーになったり、販促スタッフや製品開発担当として活躍している人などが出てきています。他の小売企業では30代後半とか40代にならないとなかなかやらせてもらえないような仕事を早くから担当できるようになってきてるんです。やる気と専門スキルの双方を生かしやすい環境になってきたともいえるはずです。これからは学習心、機動力、親切心に加えて、何事にも積極的に前向きに取り組んでくれそうな人たちを採用していきたいと考えています。そういう人が今後、会社の改革を担えるような人材に育ってくれるんじゃないかと期待されるからです」

「壁」がないオフィス

現場の声やデータをすぐに改革につなげていける体制をつくっているからこそ、若い人の感性や意見が重要な意味をもってくる。

人事部では年に一度、アンケート形式で次のような調査をしている。

「いまの仕事は自分に合っていると思いますか？」

「今後、希望する職種、やってみたい職種はありますか？」

「何か気になることはないですか？　改善が必要だと感じていることはありませんか？」

「上司はどうですか？　困ったときに相談に乗ってくれますか？」

「パワハラやセクハラはありませんか？」

会社がこうした調査を行うこと自体は珍しくはないのだろうが、ワークマンでは気になる回答があれば、すぐに改善策を考えていく。

社員の声を100％までは生かせていられないにしても、常に社内環境は見直し、誰もが力を発揮しやすいようにしているつもりだ。

ワークマンは近年、ずいぶん〝風通しのいい会社〟になってきた。

それにしても、こうした改革や人柄を重視した採用があってのことだといえる。

また、本社オフィスには複数の部署が集まっていながら、パーティションなどはいっさい設置していない。社長室や役員室などもなく、オープンな空間になっている。思ったことを口にしやすい環境になっているからこそ停滞も避けられているのではないだろうか。

まだ見ぬブルーオーシャンへ

かつてワークマンは競争相手がいない作業服市場というブルーオーシャンを泳いでいたが、成長には限界が見えていた。

そこで我々はどうしたか？

激しい競争のあるレッドオーシャンに飛び出していくのではなく、新たに〝第2のブルーオーシャン〟を見つけることにした。

それがワークマンプラスに象徴される新たな市場だ。

当社独自の高機能製品をスポーツメーカー価格の4分の1以下、アウトドアアウェアメーカーの3分の1以下の価格で売り出していく戦略を立てたのだ。

この第2のブルーオーシャンは売上げ4000億円を見込める空白市場である。ここで勝負を始めたことにより、いまは成長路線に乗ることができている。

だが、これから先は、2つのブルーオーシャンにとどまっているのではなく、新たな開拓の場がないかを探っていく必要がある。

加盟店の負担を大きくしないで次のステップへと成長していかなければならない。

それができるかどうかの鍵《かぎ》を握っているのが〝新しい力〟である。

そこにおいては突出した才能が求められるわけではないというのはここまでに書いてきたとおりだ。

親切心のある凡人が集まり、加盟店にとってのより良い状況をつくりあげていく。

加盟店に満足してもらえずにいては会社の成長はない。

成長を頭に描いていても、先は急がず、利を求めすぎない。

社員一人ひとりが「店長さんたちにはできるだけいい人生を送ってもらいたい」と、心から願えるようになっていてこそ、100年の競争優位を築くことが可能になる。

ホワイトフランチャイズとはワークマンのスタートラインであり、100年先のゴールを左右する目標であり指標なのである。

あとがき

100人いれば100通りの働き方がある。

大抵のチェーン店では店舗運営が標準化されていて、働き方もマニュアル化された部分が多くなっている。100人いても働き方はひと通りになっているとも見えてしまうが、ワークマンはそうではない。926の店舗があれば、926の働き方がある。

今回の本は、「幸せな働き方」を見直す1冊になったのではないかと思う。

この本のためにフランチャイズ加盟店の12人の店長を取材している。想像を超えたおもしろさに私自身が興奮することにもなってしまった。笑いあり涙ありのドラマが紡がれたオムニバス映画を観たような感覚にもなっている。

12人の店長の働き方は、まさにそれぞれだった。

なかには、朝は自然に4時頃に目が覚めてしまうので5時半頃に店に入り、オープン前からお客様の相手をするという店長もいた。その事実だけを聞けば、ブラックな労働環境のようだが、「好きでやっていることだから」と本人は笑う。

開店前の6時半頃、職人さんが入口ドアを叩《たた》いて、「開けて」と手を合わせている姿を見れば、放ってはおけないのだという。困っている人のために役立つことがこの店長にとっては幸せのパーツになっているのだろう。5時半から店にいても、昼頃にあがる日もあるし、毎週必ず休みは取っている。週に一度、ゴルフができる生活に喜びを感じ、脱サラしてワークマンを始めたことについては「いい選択でした」と振り返っている。

この店長は59歳なので4時頃に目が覚めるというのもわからなくはない。

一方で27歳のフランチャイズ加盟店最年少店長は、お昼頃に店に出ることが多いのだという。午前中は新婚の奥さんが店に出ているので、昼ご飯を一緒に食べたあと交代するようにしているとのことだ。「共働き」でありながら、毎日のように昼食をともにできるという人はあまりいないはずだし、うらやましいスタイルだ。

別の若い夫婦もそれに似ている。

34歳の店長は開店時間から店にいて、奥さんはお子さんを保育園に預けてから店に出る。店長は夕方くらいには仕事をあがり（早いときは午後2時頃だったりもするという）、保育園に子どもを迎えに行って、そのまま帰宅するそうだ。

24時間、一緒にいるわけではなくても、働く時間を夫婦で共有できている。加盟店で働きながら子育てをしている人もいた。第1章で登場してもらった「ワークマン一家」の次女がそうだ。

彼女は両親の店舗を手伝うことから始めていたが、私がはじめて彼女を見たとき、子どもを背負いながら店に出ていた。何年かあとにまた店に行くと、やはり子どもを背負っていたので、「えっ、あの子がまだ乳飲み子のままなの!?」と驚いた。よく話を聞いてみると、また次の子を産んで、同じように働いているのだとわかった。彼女はワークマンをやりながら5人の子どもを産んで育てているのだ。

ワークマン一家の三女などは、幼い頃から両親がやっている店舗にいることが多かったので、ワークマンは「いつもじじばばがいる家だった」とも話している。

他のチェーン店では考えにくいシチュエーションであるにはちがいない。ワークマンでもそこまでの状況を推奨しているわけではないが、黙認しているというか許容している。

こうして振り返っていても、つい笑みがこぼれてしまう。本書で取り上げたどの店長も幸せな働き方ができているのがわかり、私たち本部の人間としては、ほっとするばかりだ。

趣味の時間がとれるということ。

夫婦で一緒に働けるということ。

子どもに自分が働いている背中を見せられるということ。

そのすべてが〝幸せのカタチ〟だ。

お金（生活の安定や豊かな暮らし）を求めてひたすら働き続けるのではなく、仕事と自分なりの価値観をうまく結びつけていく。なかでも、家族のつながり、人と人のつながりは、目に見えるものなので、幸せのカタチとしてわかりやすい。

昭和によく見られた家族経営が理想だというわけではない。最近は、仕事をする自分とプライベートの自分を完全に分けたがる人も増えている。そういう人も自分なりの幸せを摑《つか》みやすいのだと思う。それとはまた別のあり方として、家族や近しい人と目標を共有して協力し合うのもいい働き方ではないだろうか。

令和においては個人個人の価値観が尊重されるべきだ。それが許されるのがホワイトな環境であり、許されないのがブラックだともいっていい。

どこに価値を見出《みいだ》すかは人それぞれだ。

ただし、家族が近くにいれば、幸せだと感じる人たちは多い。加盟店に応募する動機としても「夫婦や家族で一緒に働ける」はよく挙げられる。加盟店のなかには、子どもがいつも親の働く姿を間近で見ていて、毎日が「子ども参観日」のようになっている店舗もある。生きざまを子どもに見せられるのは親としては理想に近い。

別の部分でいえば、自分のやっている仕事が〝人のためになっている〟と実感されたときにも幸せを感じる。

加盟店はいつもお客様や社会の役に立ちたいと思っている。災害後に店舗が社会インフラになっているのが実感されたりすればとくに充実感は大きい。

第4章で紹介したように熊本県に加盟店を増やしていったとき、その半分くらいは熊本新外店の店長の知り合いが加盟した。熊本地震のあと、地域のために奮闘したこの店長はワークマンをやっていることに大きな喜びを感じているので、周囲に積極的に加盟店になることを勧めているわけだ。

27歳の最年少店長にしても、「周りの友達にもすごく勧めてる」と話していた。それにしても、早くからワークマンを始めた自分の選択が正しいと感じ、毎日が充実しているからこそそうしているのにちがいない。災害とは関係ないところでも、自分の仕事に大きなやりがいが感じられているということだ。

総じていうなら、他人や上司にあれこれ命じられるのではなく、自分の意思で働けたなら、仕事にやりがいが生まれ、幸せを感じやすい。ワークマンはまさにそうだ。

一定のルール（決して厳しくないルール）の中で加盟店の自主性を尊重している。

こうしたところにワークマンが提案する「幸せな働き方」が見つかる。

ワークマンはこれまでずっと声のするほうへと進化してきた。

2012年に私がワークマンに転職した頃、友人から「うちの近くのワークマンは駐車場がいつも空いてるけど大丈夫か？」と電話をもらった。たしかに当時は、開店まもない時間と夕方から閉店までの時間を除けば駐車場はガラ空きで店内は閑散としている加盟店が多かった。この状況をどうにかできないかと考えたことが、昼間に一般客を呼び込むワークマンプラスを展開していくきっかけになったのだ。

その後には逆の問題が起きた。やはり知り合いから連絡があり、「土日にはワークマンの駐車場が空くのを待つ車が多くて渋滞を起こしている」と聞かされたのだ。そこで広い駐車場を持つ#ワークマン女子を展開していき、既存店の駐車場に空きがない事態が起こらないようにしたいと考えた。

友人や知人の声に限らず、加盟店の声、その先にあるお客様の声には常に耳を傾け、前進を続けてきた。これからもそのスタンスを変えるつもりはない。

いつも期待以上の成果をあげてくれる加盟店に応えるためにも我々は「より売れる

製品」をつくり、「現場の作業を軽減させるシステム」を練り上げようとしている。

双方向の理解があり、それぞれに「自分にできること」「会社にできること」を考えていくことで、理想的なあり方を探っていけるのではないかと思う。そこに幸せな働き方が浮かび上がる。

最後になったが、急激な変化を続けてきたなかにあっても、自分のやり方を模索しながら現場を回してくれている加盟店の店長やスタッフの皆さん、そして、いつもバイタリティあふれる姿勢でいい仕事をしてくれている社員に対しては最大限の感謝を記しておきたい。「ワークマン第2の創業期」とも言える近年の成長は、皆さん、そしてみんなの努力と創意工夫がなければあり得なかった。〝がんばらないススメ〟のように書いてきていても、実際は頭が下がるばかりだ。

この本を読んでくれた皆さんには、〝幸せな働き方とはどういうものなのか〟を考えるきっかけにしてもらえたなら幸いだ。幸せな働き方は、誰もが求めることができるものであり、求めるべきものである。

2021年10月

株式会社ワークマン専務取締役　土屋哲雄

土屋哲雄（つちや　てつお）
株式会社ワークマン専務取締役。東京大学経済学部卒。三井物産入社後、海外留学を経て三井物産デジタル社長に就任。本社経営企画室次長、三井情報取締役。2012年ワークマンに入社。19年より現任。ワークマン店は作業服市場を取り尽くす勢いのため、18年に新業態店として「WORKMAN Plus」を仕掛けて大ヒット。20年に女性目線の「#ワークマン女子」店を立ち上げ、10年で400店舗の出店をめざし快進撃中。著書に『ワークマン式「しない経営」』（ダイヤモンド社）がある。

ホワイトフランチャイズ
ワークマンのノルマ・残業《ざんぎょう》なしでも年収《ねんしゅう》1000万円《まんえん》以上《いじょう》稼《かせ》がせる仕組《しく》み

2021年12月１日　初版発行

著者／土屋哲雄《つちやてつお》

発行者／青柳昌行

発行／株式会社KADOKAWA
〒102-8177　東京都千代田区富士見2-13-3
電話　0570-002-301(ナビダイヤル)

印刷・製本／大日本印刷株式会社

ISBN 978-4-04-111847-4　C0034